象棋
入门与提高

爱林博悦 编著

人民邮电出版社
北京

图书在版编目（CIP）数据

象棋入门与提高 / 爱林博悦编著. -- 北京：人民
邮电出版社，2025. -- ISBN 978-7-115-65496-0

Ⅰ. G891.2

中国国家版本馆 CIP 数据核字第 20248HA342 号

免 责 声 明

作者和出版商都已尽可能确保本书技术上的准确性以及合理性，并特别声明，不会承担由于使用本出版物中的材料而遭受的任何损伤所直接或间接产生的与个人或团体相关的一切责任、损失或风险。

内 容 提 要

本书为象棋初学者提供了一个全面的学习路径，从基础规则到高级战术布局，逐步引导读者掌握象棋的核心技巧。书中首先介绍了棋盘布局、棋子走法和吃法，以及如何记录和判断棋局胜负。其次，深入探讨了基础技巧，如棋子协同作战和利用对手弱点，以及 18 种基础杀法，如钓鱼马和双马饮泉，增强读者的实战能力。书中还分析了运子、谋子、兑子和弃子等战术，帮助读者在实战中制定战略。最后，通过讲解实用布局，如顺炮和中炮对屏风马，提升读者的开局策略。本书旨在通过系统的学习和实践，助力读者成为象棋高手。

◆ 编　　著　爱林博悦
　　责任编辑　林振英
　　责任印制　彭志环
◆ 人民邮电出版社出版发行　　北京市丰台区成寿寺路 11 号
　　邮编　100164　　电子邮件　315@ptpress.com.cn
　　网址　https://www.ptpress.com.cn
　　涿州市般润文化传播有限公司印刷
◆ 开本：880×1230　1/32
　　印张：6　　　　　　　　　2025 年 4 月第 1 版
　　字数：211 千字　　　　　2025 年 9 月河北第 2 次印刷

定价：29.80 元

读者服务热线：**(010)81055296**　印装质量热线：**(010)81055316**
反盗版热线：**(010)81055315**

目录

第五章 象棋实用布局

第一章

象棋基础知识

象棋的基础知识是初学象棋的必修内容。我们将从认识棋盘和棋子开始，逐步为之后的学习奠定坚实的基础。

1.1 棋盘

象棋棋盘是对弈的战场，也是象棋文化的精髓所在。要想学好象棋，首先要从认识棋盘开始。

◆ 线和交叉点

象棋棋盘由9条竖线和10条横线组成，交叉点为棋子的位置和走动路线。红方从右至左用中文数字一至九表示9条竖线，黑方用阿拉伯数字1~9表示。各线还有另外的名称，如下图所示。

◆ 河界

棋盘中部不画线的区域被称为"河界"，河界将棋盘分为相等的两部分，红黑双方各占一边。

◆ 九宫

棋盘两端中部画有斜线的区域被称为"九宫"。

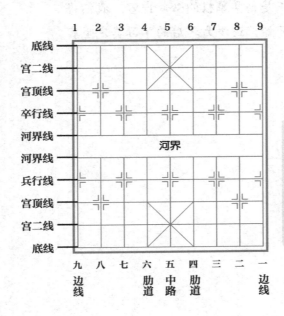

◆ 小提示

棋盘的各条竖线也被称为各路，例如红方第二条竖线被称为二路，黑方则被称为2路。

1.2 棋子

棋子是双方的兵力，红黑双方棋子数量和兵种是相同的。

◆ 棋子数量和兵种

棋子分为红、黑两方，双方各有16个棋子，共32个棋子。棋子有不同的名称，一种名称代表一个兵种，双方各有7个兵种。

◆ 红子和黑子

红方有帅1个，仕、相、马、车、炮各2个，兵5个。

黑方有将1个，士、象、马、车、炮各2个，卒5个。

注意，将和帅是同一兵种，只是不同颜色的不同叫法。仕与士，相与象，兵与卒同理。棋子在棋盘上的初始位置如下图所示。

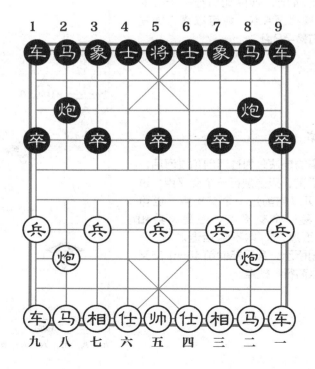

1.3 走棋和吃子

象棋对局时，由执红棋的一方先走一步棋，黑方再走一步棋，双方轮流各走一步棋为一个回合。在走棋时，除炮以外，己方棋子按照其走法能够到达的位置上，如有对方棋子就可以吃掉它而后占领该位置。

 走直线的棋子

帅（将）、车、炮、兵（卒）都是沿直线行走的棋子，但每个棋子都有其特定的走法，接下来我们做详细介绍。

◆ 帅、将

帅和将只能在九宫中沿着直线行走，可进可退可横走，但是，每次只能走一个交叉点。注意，帅和将不能在同一直线上直接照面。

如右图所示，帅只能直行一个交叉点，不能横移至A点，将可以直行或左移，不能右移至B点。

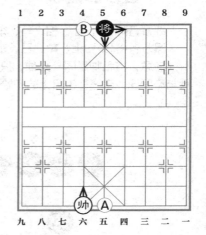

◆ 兵、卒

兵和卒的走法分为过河前和过河后。在未过河界前，只能前行一个交叉点；过河界后，可以向前走一个交叉点，也可以横向平移一个交叉点。但是，兵和卒无论是否过河，均不能后退。

如右图所示，兵只能向前走一个交叉点，卒可以前行、横走。

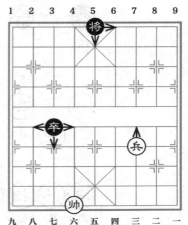

4

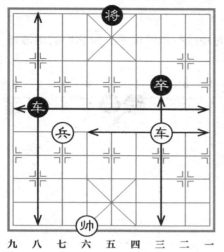

◆ 车

车沿直线行走，并且不限距离，它可以直进、直退、横走。如行走路线上有对方棋子，可吃掉对方棋子并占领该位置，如有己方棋子则不可越过己方棋子行走。

如左图所示，红车向前可吃掉黑卒并占领黑卒所在位置，而向左最多只能到达六路；黑车可沿直线移动到任意一个交叉点上。

◆ 炮

炮的走法与车相同，只有在吃子时，需隔一个棋子。

如左图所示，红炮向前只能移动一个交叉点，不能越过兵行走；黑炮可以通过隔一个棋子吃子的方法，越过黑卒吃掉红车并占领红车所在位置。

◆ 走对角线的棋子

仕（士）、相（象）、马都是沿对角线行走的棋子，但它们的走法各不相同。

◆ 仕、士

仕和士只能在九宫内沿斜线行走，每次只能走一个交叉点，可进可退。

如右图所示，仕可沿斜线向3个交叉点移动，士只能沿斜线向1个交叉点移动。

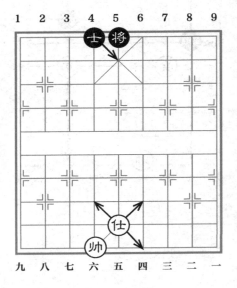

◆ 相、象

相和象只能在己方阵营内行走，不能越过河界。相和象沿田字格对角线行走，称为"相（象）走田"。需要注意的是，当田字格中心有棋子时，相（象）则无法移动，俗称"塞相（象）眼"。

如右图所示，象走田只能到达A点，无法移动到B点，因为到达B点的田字格中心有一个兵。

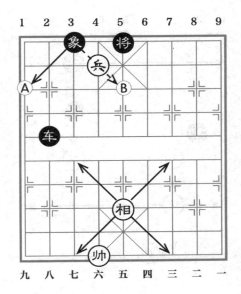

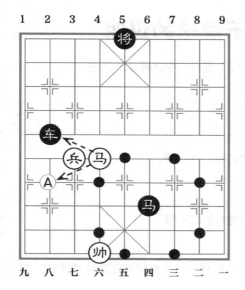

◆ 马

马沿着日字形的对角线行走，俗称"马走日字"，既可以前进也可以后退。然而，当与马相邻的一个交叉点上存在棋子时，马就不能沿着该方向的日字形行走，俗称"绊马腿"。

如左图所示，黑马沿着日字形的对角线行走，可以向图中8个黑点移动。而红马由于其左侧相邻交叉点上有一个兵，因此红马不能移动到A点或者吃掉黑车。

1.4 棋谱记录

象棋棋谱记录通常由四个字组成，分别代表不同的含义。

第一个字代表所走棋子的名称，例如"马""车""炮"等。

第二个字是棋子所在竖线的数字，例如"二""五"等。

第三个字表示棋子移动的方向。向前走用"进"，向后走用"退"，横着走用"平"。

第四个字表示这个棋子所到达的新位置，例如棋子到达的竖线的数字或进退的格数。

例如，"炮二平五"表示红炮从竖线二平移到竖线五；"马8进7"表示黑马从竖线8向前走到竖线7；"车2退3"表示黑车沿竖线2向后移动3格。需要注意的是，当一方的相同兵种位于同一竖线上，则第一个字用"前""后"表示，第二个字则说明棋子的名称，例如前车。

1.5 关于着法的说明

着法是指棋子的走法，"打"和"闲"是象棋中两种基本走法。

◆ 打

"打"是指具备攻击性的走法，例如将、杀、捉。

◆ 将

又称将军，是指走动棋子直接攻击对方的帅（将）。

◆ 杀

又称要杀和杀棋，是指走动棋子后，形成下一步棋能将军或连续将军，将死对方的情况。

◆ 捉

又称捉子，是指走动棋子后，能够在下一步吃掉对方某个无根子。

◆ 闲

"闲"的走法不具备攻击性，例如兑、献、拦、跟。

◆ 兑

又称兑子和邀兑，是指走动棋子后，形成能够与对方同等子力互换的情况。

◆ 献

又称献子，是指无根子送吃，对方一旦吃掉此子后，不致立即被将死或立即在子力价值上遭受损失的情况。

◆ 拦

是指走动棋子阻拦对方棋子的活动，而不具备攻击作用的情况。

◆ 跟

是指棋子走成盯牵对方有根子，而不具备攻击作用的情况。

◆ 禁止着法

单方面走出长将、长杀、长捉、一将一杀、一将一捉、一杀一捉等循环重复的攻击着法，统称为"禁止着法"。

◆ 长将

长将是指一方使用循环的着法不断将军，迫使对方必须应对，但不能将死对方。一方连续不停将军而形成循环达三次者，称为"长将"。

◆ 长杀

一方走动棋子，通过循环的方式持续威胁对方的帅（将），循环达到三次，称为"长杀"。

◆ 长捉

在象棋中，一方通过连续走动棋子，追捉对方的一枚或数枚棋子，形成循环往复的局面，且达到三次，这种走法被称为"长捉"。

◆ 小提示

如右图所示，红先。

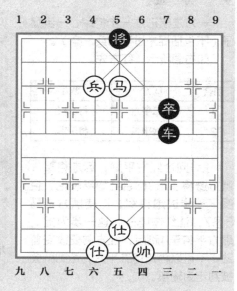

回合	红方	黑方
1	兵六进一	车7进5
2	帅四进一	车7退1
3	帅四退一	车7进1
4	帅四退一	车7退1
5	帅四退一	车7进1
6	帅四进一	车7退1

红方在第一步棋之后，下一步要走马五进三将死黑方，黑方用一车长将，黑车第3次将军属于犯规着法，第6次将军，可以直接判输棋。

9

◆ 一将一杀

一方走棋形成一步将军，一步杀棋。

如右图所示，红方先。

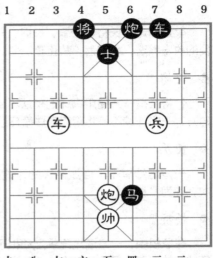

回合	红方	黑方
1	车七平六	士5进4
2	炮五平六	将4进1

第1回合红方平车将军，因红炮镇中，黑方只能进士应将。第2回合红方平炮露帅形成杀棋，企图下一步进车杀黑士将死黑方，黑方进将护士。红方的着法为一将一杀，下一步棋红方平车至中路，以炮和车交替将军。注意，一将一杀不可循环使用，否则就会被定为输棋。

◆ 一将一捉

一方走棋形成一步将军，一步捉子（不包括捉未过河的兵、卒）。

如右图所示，红方先。

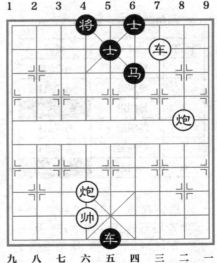

回合	红方	黑方
1	炮二平六	将4平5
2	前炮平二	将5平4

第1回合红方平炮，后炮将军，黑方避将。第2回合红炮平前炮，企图下一步进炮将军，迫使黑方走马6退7，让红车吃子，这一步为捉。黑方平将至4路后，红方需要改变着法，不可以再走炮二平六，否则就会被判定为输棋。

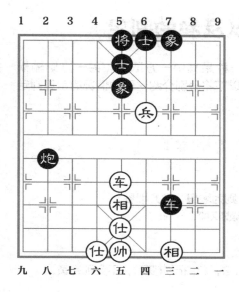

◆ 一杀一捉

一方走棋形成一步杀棋，一步捉子（不包括捉未过河的兵、卒）。

回合	红方	黑方
1	车五平八	炮2平5
2	车八平五	炮5平2

第1回合红方平车的着法为捉，黑方平炮至中路牵制红方中路上的仕和相，企图下一步走车7进2将死红方，所以，黑方平炮的着法为杀。

第2回合红方依旧捉黑炮，黑方平炮暗藏一步炮2进4的杀棋，其目的是牵制红方相五退三，进而走车7进2吃相，所以黑方走炮5平2是捉。

通过分析可知红方的着法为长捉，黑方为一杀一捉，双方的着法都是禁止着法，下一步棋红方不能继续捉炮，而黑方不能平炮要杀。

◆ 允许着法

禁止着法以外的着法均为"允许着法"，例如数将一闲、数杀一闲、数捉一闲等着法。

1.6 胜、负以及和的判定

象棋的最终结局有两种情况：一种是其中一方取胜，另一方则输棋（负）；另一种则是双方打成和局。以下将分别介绍这两种情况的常见判定方法。

胜负

在对局时己方出现以下情况之一，则为输棋，对方取胜：
1. 己方的帅（将）被对方棋子将死或吃掉；
2. 己方无子可走（被困毙）；
3. 己方对对方"长将"；
4. 己方为禁止着法，对方为允许着法，应由己方变着，不变则判负。

和

在对局中如出现以下情况之一，则为和局：
1. 一方提和，另一方同意和棋；
2. 双方均只有守子没有攻子；
3. 双方虽然都有攻子，但任何一方都不足以杀死另一方；
4. 双方均为允许着法，双方不变作和；
5. 双方均为禁止着法（不包括一方为长将），双方不变作和。

1.7 常用术语

象棋中有很多专业术语，这些术语可以帮助我们更好地理解和掌握象棋的技巧和策略。以下是一些常见的象棋术语，希望能帮助大家更好地学习象棋。

将军： 对局中一方的棋子要在下一步棋将对方的帅（将）吃掉，称为"将军"。

应将： 应将是指被"将军"时的应对方法，应将的方法有以下几种。

a. 消将：吃掉对方正在"将军"的棋子。

b. 避将：帅（将）离开被攻击的位置。

c. 垫将：将自己的棋子置于对方"将军"的棋子和自己的帅（将）之间。

d. 拆炮架：当对方使用炮"将军"时，可以将自己当前被当作炮架使用的棋子撤开。

将死： 如果被"将军"而无法"应将"，则为"将死"。

困毙： 走棋的一方没有被将军，同时无棋子可以走，即被"困毙"。

巡河： 一方棋子在己方"河界线"上时，称为"巡河"。

骑河： 一方棋子在对方"河界线"上时，称为"骑河"。

对局： 双方下棋被称为"对局"，亦被称为"对弈"。

全局： 指对局的全部过程，包括"开局""中局""残局"三个阶段。

局面： 指对局中任意一个盘面上双方棋子分布的状态。

起着： 开局的第一着。

胜势： 对局中，局势大体已定，胜利在望的一方被称为"胜势"。

胜定： 对局中，一方多子并占优势，另一方少子且无法反击或变化，形成必败的局势，此时多子并占优势的一方称此棋局为"胜定"。

绝杀： 对局中，一方下一着要将死对方，而对方又无法解救，这称为"绝杀"。

羊角士： 把士放在九宫上角，被称为"羊角士"，是一种防守方法。

花士象： 或花仕相。指对局中双士象或双仕相在中线联防时左右分开的一种形式。

单缺士（仕）： 对局中，有双象（相）而缺一士（仕），这称为"单缺士（仕）"。

单缺象（相）： 对局中，有双士（仕）而缺一象（相）。

闲着： 一种适宜于对局相持阶段的着法，目的在于等待时机。

空着： 毫无作用的一着棋，这种着法容易贻误战机，导致输棋。

有根子和无根子： 在象棋中，"根"是指能够对某个棋子起到保护和支撑作用的棋子。凡受到己方其他棋子充分保护的棋子，称为"有根子"，反之，称为"无根子"。如果存在形式上的保护，但实际上无法起到充分保护作用的棋子，称为"假根"。

第二章

象棋基础技巧

读者朋友们，我们已经学习了象棋的基础知识，在开始对弈之前，我们来了解一些下象棋的基础技巧，希望这些基础技巧能够为大家提供参考价值。

2.1 路线通畅

在学习走棋和吃子时，我们了解到当棋子前行的路线上有棋子阻挡时，该棋子就不能越过阻挡棋子前进，这会导致该棋子失去攻击力。因此，保持棋子前行路线通畅是非常重要的。

◆ 车路畅通

车沿直线行走，当其路线畅通无阻时，最多可控制17个交叉点，此时车发挥最大的威力。

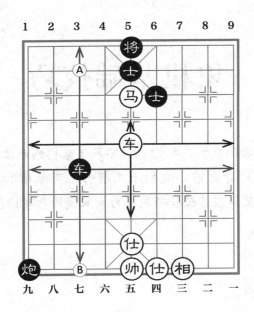

如图所示，红车前有红马，后有红仕，红车最多可向12个交叉点移动。黑车的行走路线上无其他棋子，最多可向17个交叉点移动。

黑车既能防止红马进七到达A点攻击黑将，又能进4到达B点攻击红帅。

马路灵活

马走日，最多可控制8个交叉点，最少可控制2个交叉点。当与马紧邻的交叉点上有棋子时，马就不能向该方向移动（俗称绊马腿），因此，马路要活才能发挥出马最大的威力。

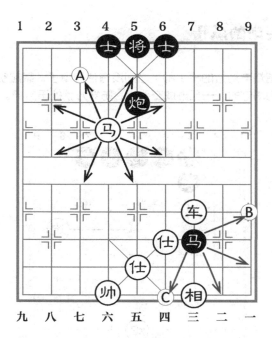

如图所示，紧邻红马的4个交叉点上无任何棋子，红马可向8个交叉点移动，当红马跳到A点时，可同时攻击黑将和黑炮。黑马后有红车，右有红仕，黑马不能后退和右移，并且B、C两个交叉点都位于红棋的攻击范围内。

◆ 小提示

在开局阶段，棋盘上棋子多，多数路线有棋子阻挡，而肋道和河界线较空，是需抢先占领的要道。

在开局阶段大家需注意挺起马前兵，活跃马路，快速出车，占领要道。

2.2 炮置要塞

炮是一种独特的棋子，它的吃子方法与其他棋子不同，这种特殊的吃子方法使得炮拥有独特的技能。

空头炮的威慑

空头炮是指炮与对方的将（帅）之间没有任何棋子。架起空头炮的一方为进攻方，对手为防守方，一旦形成空头炮，防守方就处于劣势。

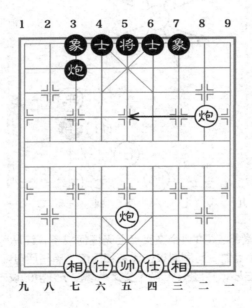

如图所示，红方中路上的炮（中炮）与黑将之间没有其他棋子，即红方形成了空头炮，成为进攻方。

黑方作为防守方不能把士、象、炮移动到中路，以充当红方中炮的炮架；而红方二路的炮可以移动到中路，形成绝杀的局面。

炮的牵制作用

炮的吃子方式是隔任意一颗棋子吃子，当己方的炮与对方的将（帅）之间有两颗棋子时，移动其中任意一颗棋子就会形成将军的局面。

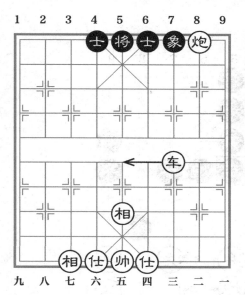

如图所示，在红炮和黑将之间有黑士和黑象，当红车将军时，这两颗棋子都无法支援黑将，如果它们离开底线支援黑将，红炮就能吃掉黑将，导致黑方输棋。

在这个棋局中，红炮通过牵制黑方一侧的士象行动，对取胜起到了重要的作用。

回合	红方	黑方
1	车三平五	士4进5
2	车五进三	将5平4

黑方面对红车将军时只能进4路的黑士，当红车进三后，黑方的士、象都无法移动了，黑方只能走动黑将。

下一步棋红车吃掉黑士后，黑方就无棋可走了。

炮的吃子方式是隔一颗棋子吃子。即只要炮前方有一颗棋子，炮就具备攻击力。在对弈时，巧妙地利用具有攻击力的炮来监视对方棋子的行动是运炮的基础技巧。

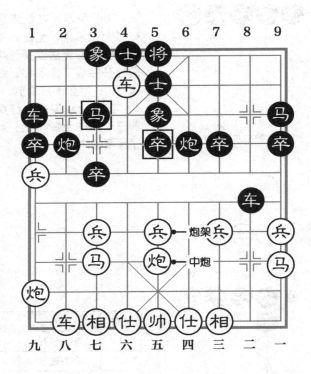

如图所示，红方中炮前方有红兵做炮架。当前中炮可以攻击黑方中卒，吃掉中卒后可以牵制黑方中路上的士象。面对红方中炮的威胁，黑方3路上的马要保护中卒，不能离开。黑卒也不敢前进离开黑马的保护。

作为红方，不可轻易移动中炮，应利用中炮来监视对方的行动，发挥威慑力。

2.3 各子协同

　　象棋的棋子都具有攻击和防守的作用。在进攻时，各个棋子联合起来比单独作战发挥的作用更大；在防守时，各个棋子需要相互保护。各子在进攻和防守时的相互配合称为各子协同。

◆ 根的作用

　　根是指受保护的意思，象棋中的有根子是有其他棋子保护的棋子，反之为无根子。

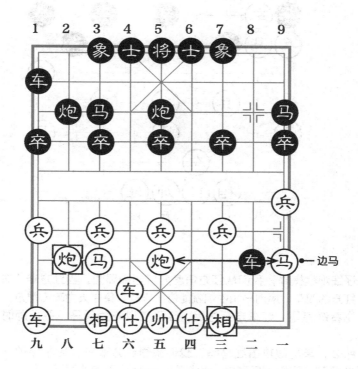

　　如图所示，黑方8路车可以攻击红方中炮和边马（边线上的马）。但红方中炮受到八路红炮和三路红相的保护，边马受到三路红相的保护，它们之间关系紧密。因此，黑车不敢吃子。

21

棋子联合

当一方的棋子相互联结，互相保护并配合进攻时，另一方就很难防守。

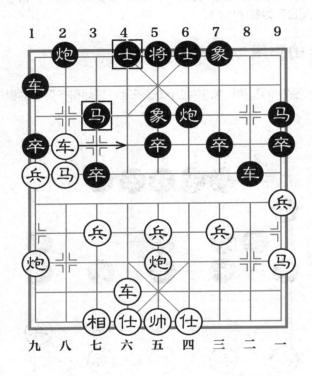

仔细观察棋局，我们从红方角度分析当前局面。当红方走"车八平六"后，红方的双车、巡河马和中炮就能协同作战，集中火力攻击黑方。

先看巡河马，红车走开之后，红马可以吃掉黑马，并且同时捉黑炮和黑车。

那么，黑马敢攻击红马吗？我们来看红方双车，后车保护前车攻击黑士，并且前车吃黑士后形成一面将军，一面捉黑炮的局面，因此，黑马不敢攻击红马。

中炮稳居后方监视黑方行动，准备随时配合双车进攻，因此，黑方急需进士，加固中路的防御。

接下来，我们来演示一下双方走棋。

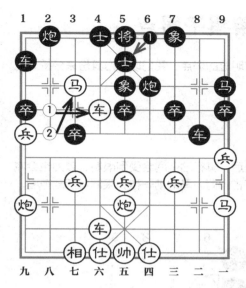

回合	红方	黑方
1	车八平六	士6进5
2	马八进七	

第1回合：红方平车之后，双车威胁黑将和黑炮，黑方只能放弃黑马，进士保护4路黑士。

第2回合：红马吃掉黑马，捉黑车和黑炮。

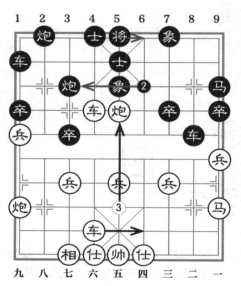

回合	红方	黑方
2	……	炮6平3
3	炮五进四	将5平6

第2回合：黑方平炮吃掉红马。

第3回合：红方进炮吃掉黑方中卒，牵制黑方中路上的士象，准备下一步进车吃掉黑士，将死黑方，黑方只能先把黑将移动到6路来。

之后红方可以平后车将军，让黑方一直处于被动局面。

2.4 利用棋子弱点

在象棋棋子中，相（象）和马有明显的弱点，我们以红方身份来分析，在对局中如何利用这两种棋子的弱点。

◆ 绊马腿

马怕绊马腿，当对方马被绊马腿后，其行动空间会受到限制，效力也会减弱。在对局中，我们可以用己方棋子占据对方马的前一格，限制其活动范围，使其无法发挥作用。

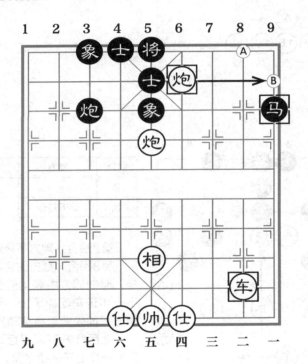

如图所示，红炮牵制黑方中路上的士象，红车移动到A点将军时，士象都无法支援黑将，黑将也无法避开。但是A点在黑马的攻击范围内，因此，需先让黑马失去防御力，再把红车移动到A点。

仔细观察红炮所在位置，当红炮移到B点后，黑马就不能移动到A点了，因此，红方需先走"炮四平一"，再走"车二进八"。

我们来演示一下双方的走棋，以更好理解如何巧用绊马腿来取得胜利。

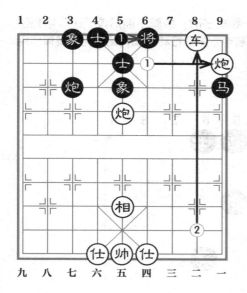

回合	红方	黑方
1	炮四平一	将5平6
2	车二进八	

第1回合：红炮绊住黑马的马腿，使其无法退8，黑将移动到6路来，以免被红车将死。

第2回合：红车进八将军，黑马失去效用，无法攻击红车。

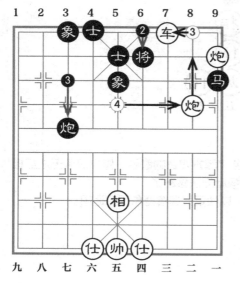

回合	红方	黑方
2	⋯⋯	将6进1
3	车二平三	炮3进2
4	炮五平二	

第2回合：黑将前进一格，避开红车。

第3回合：红车移动到三路来，让红炮和红车各占一条竖线，让双炮和红车聚集在一侧攻击黑将。

第4回合：红炮到达二路，准备下一步进二将军。

◆ 塞象眼

当象所在"田"字格的中心有一颗棋子时，象就不能沿该"田"字格移动。我们可以利用象的这个弱点，堵塞对方象的行动路线，使其无法发挥作用或者迫使其牺牲。

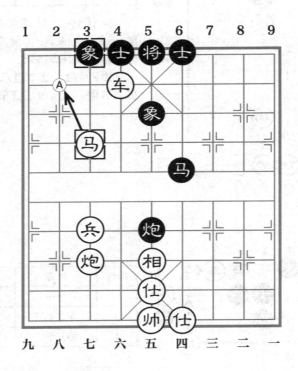

如图所示，红车所在位置正好隔断了黑方双象的联结，黑方双象无法互相保护。红马跳到A点后，黑方3路上的象就无法移动了。

接下来我们来演示一下双方走棋，以便更好理解塞象眼的运用。

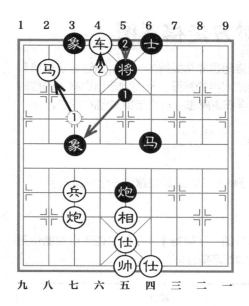

回合	红方	黑方
1	马七进八	象5进3
2	车六进一	将5进1

第1回合：红马阻塞黑方3路象的行动，黑方进象阻止红炮攻击底线上的象。

第2回合：红车进一吃黑士将军，因红车受到红马的保护，黑将不能吃红车，只能避开。

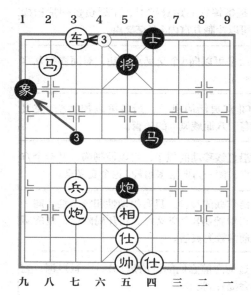

回合	红方	黑方
3	车六平七	象3退1

第3回合：红车吃掉黑象，并捉巡河象，黑象退至1路。黑象退到1路一方面可以避开红方的攻击，另一方面可以阻断红炮平移到九路后，再移动到红马后将军。

2.5 思考对方走棋意图

在象棋对局中，思考对手的走棋意图是非常关键的一环。通过分析局势和了解常见的战术，我们可以更好地揣摩对手的意图，从而制定出更有效的应对策略。下面，我们将从这两个方面来详细讲解思考对手走棋意图的方法。

◆ 分析局势

分析局势通常从棋子的价值、棋子的分布、关键位置这三个方面入手。

◆ 棋子的价值

每个棋子在象棋中都有其特定的价值，了解每个棋子的价值可以帮助你更好地评估局势。以下是对各种棋子价值的详细介绍：

棋子	价值	说明
帅 将	无价	帅（将）是整个棋局的核心，作为最高指挥官，它是所有棋子需要保护的重中之重。任何对帅（将）的攻击都是致命的，一旦它受到敌方的攻击，游戏就宣告失败。
仕 士	4分	仕（士）是指挥官的贴身护卫，主要负责保护指挥官，最多可以控制九宫内4个交叉点。
相 象	4分	相（象）最多可以向4个交叉点移动，对河界和九宫都有防御作用。
马 马	8分	马是一种非常灵活的棋子，最多可以控制8个交叉点，因此有"八面威风"的美誉。
车 车	9分	车是一种沿直线移动的棋子，可以控制横、竖两个方向的交叉点，同一方向最多可控制9个交叉点。
炮 炮	8分	炮是远距离作战的兵种，具有机动性和突击性，同一方向最多可以控制8个交叉点。在开局阶段，炮的威力较大，通常较为灵活。
兵 卒	1-3分	兵和卒在过河之前它们的价值是1分，一旦过河，它们的价值会提升到3分。

◆ 棋子的分布

观察己方和对手的棋子位置，了解它们之间的相互关系，这有助于判断棋局的优劣势。分析棋子的强弱关系是关键，特别是哪些棋子可能形成有效的攻击或防守阵型。通过分析这些因素，可以更好地揣摩对手的走棋意图，并制定出更有效的应对策略。

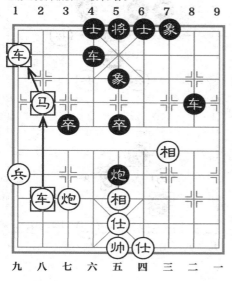

如图所示，黑炮镇中，牵制红方仕相的行动，肋道上的黑车控制将门，限制红帅的行动。现从黑方角度分析当前棋子分布，揣摩对手的走棋意图。红方八路车保护八路马，八路马保护九路车，九路车捉黑方肋车，以解除黑方车炮的牵制。然而，红方这三子之间是单向的保护关系，这正是红方阵型的弱点。黑方可以借此机会，利用占据中间一环的红马，发起攻击并打破红方阵型。

现在轮到黑方走棋。接下来，我们将演示黑方如何利用红方阵型的弱点，精心策划并实施攻击计划。

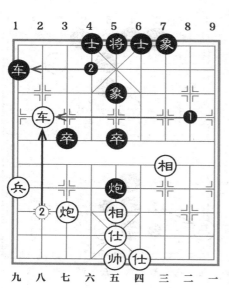

回合	红方	黑方
1		车8平2
2	车八进四	车4平1

第1回合：黑方平车吃掉红马，形成双车对攻双车的局面。在接下来的对弈中，红方必然会损失一车。

第2回合：红方选择进行兑车。在双方兑车后，黑方以一车换取了红方的一车一马。此时，黑炮依然有效地牵制了红方的仕相，而黑车也继续限制红帅的行动。

29

◆ 关键位置

关键位置是指在棋盘上对局势有重大影响的点位。例如，九宫是每个棋子都希望占据的重要位置，因为它靠近将（帅），便于发起攻击。

如图所示，黑方的中士可以阻止肋道上的红兵向九宫进攻，而黑将则可以抵御三路红兵向九宫的冲击。这使得黑方的九宫防御坚如磐石。然而，红方的九宫则恰恰相反，存在明显的弱点。当黑方中卒逼近A点时，红方中仕不敢轻举妄动，否则黑马会迅速移动至B点，并配合3路卒发起致命一击，直接将军，将死红方。这表明红方的九宫阵型存在明显的弱点。

现在轮到黑方走棋。我们将演示双方的走棋，以更好地理解九宫的重要性。

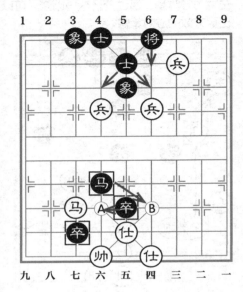

回合	红方	黑方
1		卒5平4
2	马七退九	卒3平4
3	帅六平五	卒4平5

第1回合：黑方平卒以控制红帅的行动。同时暗藏了卒3进1和马4进3的杀棋。

第2回合：红方采取退马的方式进行防御，以阻挡3路黑卒前进并攻击红帅。黑方则平3路黑卒至4路，继续对红帅发起攻击。

第3回合：由于后卒保护前卒，红帅只能选择平五以避开黑卒的攻击。此时，黑方再平后卒至中路，并暗藏了以下一系列杀棋：卒5进1、仕四进五、卒4平5、帅五平六、马4进6、马九进七、卒5平4。

通过这一棋局的分析，我们可以深刻理解九宫在整场棋局中的重要性。

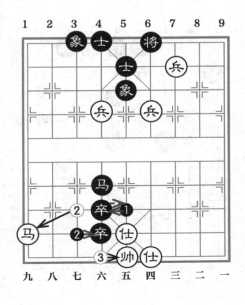

30

同样，一些重要的战略点，如肋道、河界等，也需要特别关注。

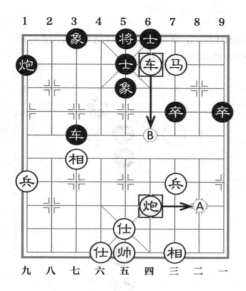

如图所示，红方肋道上的炮移动至A点，下一步可以迅速移动至黑方底线，将死黑方。同时，肋道上的红车可以有效地防御黑车平8的阻挡，确保红炮的进攻不受干扰。

现在轮到红方走棋。我们将演示肋道上的红车和红炮如何协同作战，发挥最大的威力。

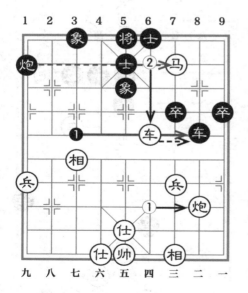

回合	红方	黑方
1	炮四平二	车3平8
2	车四退三	炮1平7
3	车四平二	

第1回合：红方平炮，意图下一步进炮至黑方底线，将死黑方。对此，黑方选择平车至8路，意图阻挡红炮的前进路线。

第2回合：红车退至河界线捉黑车，同时红马将军。黑方必须应将，因此只能选择平炮吃红马，以牺牲黑车为代价。

第3回合：红方平车吃掉黑车。

了解和熟悉常见的象棋杀法对于揣摩对手走棋意图非常有帮助。通过分析常见的杀法，你可以更好地判断对手的走棋目的和意图。

如图所示，红马限制了黑将后退的自由。当红炮来到B点后，黑方将被将死。这种马炮组合的攻击方法称为"马后炮杀法"。现在轮到红方走棋，红方平炮至A点，意图是下一步进炮至B点。黑方已经判断出红方的意图，需要思考如何应对并化解对方的攻势。

方法1：将5平6。通过将黑将移动到6路，可以解除红方的威胁。

方法2：炮5平2。这种方法试图用黑炮阻挡红炮的行动路线。

然而，方法2虽然使用黑炮阻挡了红炮的行动，但这样会解除黑炮对红方仕相的牵制。因此，方法1才是最佳选择。

如图所示，红方底炮牵制了黑方底线上的士和象。现在轮到红方走棋，红方将炮平移至A点，意图明显是攻击黑象，并计划让双炮齐聚同一直线将死黑方。这种双炮齐聚同一直线的攻击方法被称为"重炮杀法"。如果黑方了解这种杀法，将会思考采取何种应对方法。

方法1：士5进4。通过将士移动到宫顶线，黑方可以在面临红方的重炮攻击时进将避开。

方法2：将5平4。黑方提前把将移出，这样在面临重炮攻击时，可以进将避开。

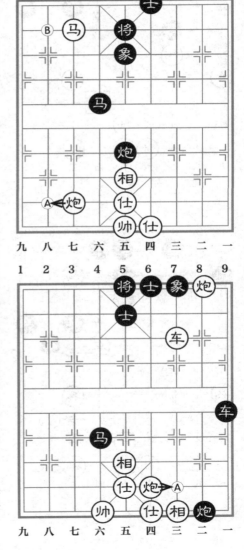

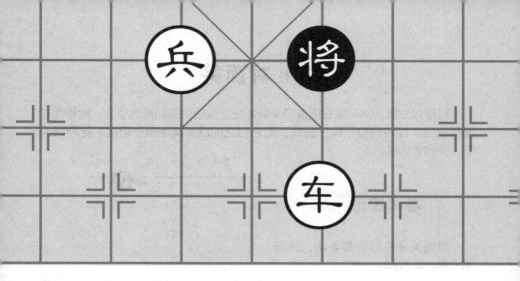

第三章

象棋基础杀法

　　掌握象棋杀法对于提高棋艺水平至关重要。学习和实践不同的象棋杀法可以更好地理解象棋的战术和策略，从而在实战中更加灵活地运用。本章将介绍18种常见的基础杀法。

3.1 对面笑

利用双方将、帅不能在棋盘同一条竖线上直接对面的规则取胜，就称为对面笑杀法。即将帅位于同一直线，而它们之间没有其他棋子阻挡，这种情况下，先占者得胜。

基础图形

对面笑又称白面将杀法，如右图所示，红方先。

回合	红方	黑方
1	车六平四	

红方车六平四，到达A点将军，黑方必须应将。由于黑方只剩下黑将，应将方法只有避将。当前黑将只能避到中路，而红方帅先一步占据中路，黑方败。

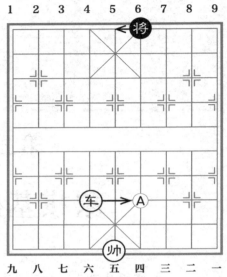

杀法运用

熟悉对面笑杀法之后，在对局中就能巧用这种杀法取胜。如右图所示，红方先。

回合	红方	黑方
1	马三进二	

红方马三进二到达A点后，轮到黑方走棋，而黑方只剩黑将，黑将平5则与红帅照面，黑方败；黑将进1则主动送吃，红马下一步吃黑将，黑方败。

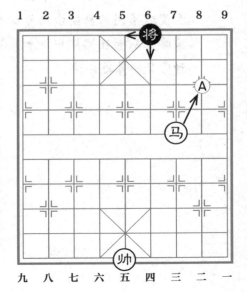

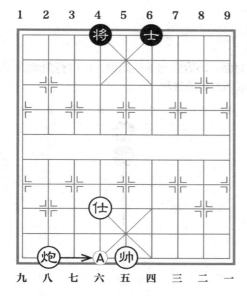

回合	红方	黑方
1	炮八平六	

红方帅占据中路，黑将不能移动到中路，红方走炮八平六，以仕做炮架对黑方将军，黑方无法应将。

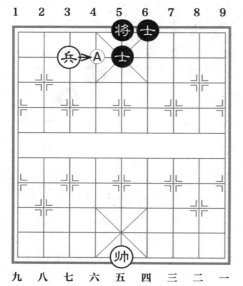

回合	红方	黑方
1	兵七平六	

帅和将都在中路，它们之间有一个黑士，此时，这个黑士不能离开，如黑士离开，则红方得胜。红方兵七平六控制将门，限制黑将行动，此时黑方没有棋子可以活动，因为困毙而落败。

◆ 杀法运用拓展

因帅和将无法在同一竖线上直接对面，巧妙运用这一规则，可以有效地限制对手的活动，加大攻击力度，从而取得对局的胜利。

回合	红方	黑方
1	车五进六	将5平6
2	帅五进一	

红黑双方棋子都在中路，红方先。

第1回合中红方车五进六吃黑士，并且将军，如果黑方将5进1则与红帅照面，红方胜，因此，黑将只能避开。第2回合中红方帅五进一为闲着，等待黑方走棋，而黑方无棋可走，黑方败。

在这次对局中，红方第1回合巧用对面笑杀法，吃掉黑士，并取得最后胜利。

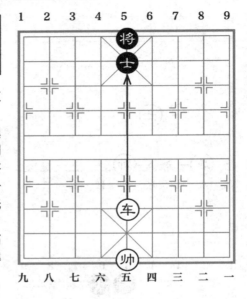

回合	红方	黑方
1	车五进五	将6进1
2	车五退一	将6退1
3	车五平三	

红方棋子占据中路，红方先。

第1回合中红方车五进五将军，如果黑方将6平5则与红帅照面，红方胜，因此，黑将只能避开。第2回合中红车再次将军，同理，黑将不能吃红车，只能避开露出黑车。第3回合中红车吃掉黑车，并守住宫二线，轮到黑方走棋，而黑方无棋可走，黑方败。

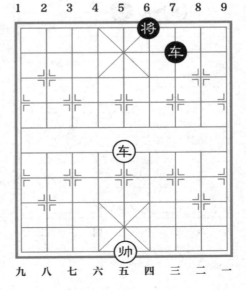

3.2 闷宫

利用对方双士（仕）不适当的联结，阻塞将（帅）的活动空间，己方用一炮将对方将（帅）杀死在原位。

基础图形

闷宫杀法的关键棋子是己方的炮和对方的双士（仕），如右图所示，红方先。

回合	红方	黑方
1	炮二进五	

黑方双士联结使黑将的活动范围只剩一个B点，当红方炮到达A点将军时，黑将无法避开，而6路黑士又受到5路黑士阻碍，无法移动，黑方败。

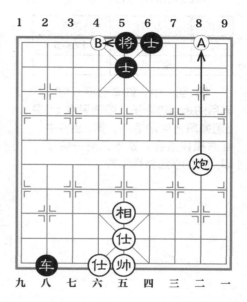

杀法运用

运用闷宫杀法时，炮必须利用对方的士（仕）作为炮架将死对方。如右图所示，红方先。

回合	红方	黑方
1	炮一进四	象5退7
2	炮三进六	

黑方无法移动6路士，因此它是炮架的最佳选择。第1回合中，红方炮一进四将军，黑方只有通过退象垫将来应将。然而，黑象垫将的位置恰好处于三路红炮的攻击范围内，红方炮三进六吃象并将死黑方。

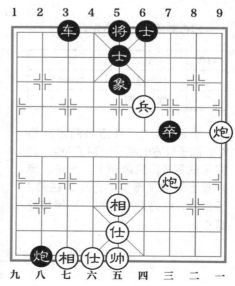

在对局中，一般需己方通过将军、要杀或弃子等攻击手段，造成对方双士（仕）堵塞将（帅）的活动空间，再用炮将死对方。

如右图所示，红方先。

回合	红方	黑方
1	车七平五	士6退5
2	炮三进一	

第1回合中，红车七平五将军，其目的是通过弃子，迫使黑方士6退5阻塞黑将活动范围。第2回合中，红方抓住机会，走炮三进一将军，以闷宫的杀法将死黑方。

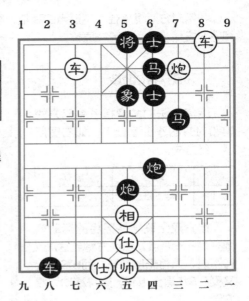

如右图所示，红方先。

回合	红方	黑方
1	马四进三	将6进1
2	炮五平四	

第1回合中，红方马四进三将军，由于红方七路马控制了A点，黑将无法平5，只能进1。当前，黑方双士阻碍了黑将的行动。在第2回合中，红方抓住时机，平炮将死黑方。

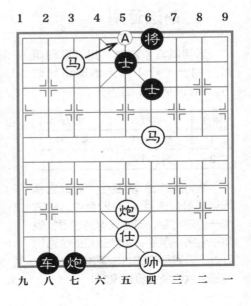

3.3 闷杀

闷杀是指一方通过将、要杀或弃子等攻击手段造成对方子力堵塞将（帅）的活动空间而一举将死对方的杀法。闷杀和闷宫有些相似，但闷宫是利用双士（仕）阻将（帅），而闷杀则没有这个要求。

◆ 基础图形

如右图所示，红方先。

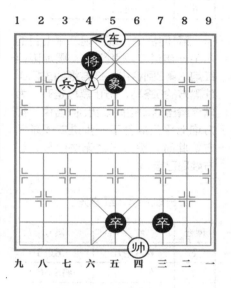

回合	红方	黑方
1	兵七平六	将4进1
2	车五平六	

第1回合中，红方弃兵走兵七平六将军，迫使黑将进1，造成黑象阻塞黑将活动空间的局面。第2回合中，红方立即平车将军，黑将无法避开，黑方败。

◆ 杀法运用

闷杀的关键是运用一切攻击手段，让对方的将（帅）活动受限。如右图所示，红方先。

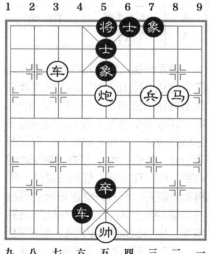

回合	红方	黑方
1	车七进二	车4退8
2	马二进三	

第1回合中红方车七进二将军，黑方的应将方法只有垫将，走车4退8，从而使黑将无法移动。第2回合中红方马二进三将军，黑方无法应将，即被闷杀。

如右图所示，红方先。

回合	红方	黑方
1	炮二平七	炮2平3
2	炮四进四	炮3退1
3	炮七平三	炮3进2
4	炮三进二	

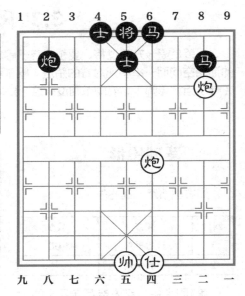

第1回合中，红方炮二平七目的是下一步进二闷杀黑方，黑炮阻挡红炮。第2回合中，红方炮四进四绊住黑方的6路马，防止黑马走开，为黑将腾出活动空间。第3回合中，红方炮七平三准备下一步进二闷杀黑方，此时，黑方已经无法自救，红方胜局已定。

如右图所示，红方先。

回合	红方	黑方
1	兵六平五	士6进5
2	车八平五	将5平6
3	炮三平四	马8进6
4	车五平四	将6平5
5	车四平五	

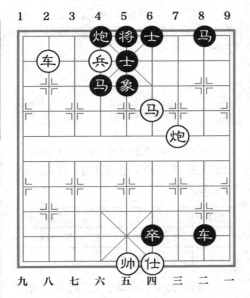

盘面的要点是红马守住了黑方九宫中心点。第1回合中，红方弃兵吃黑士将军，黑方进士防守。第2回合中，红方平车吃黑士将军，黑方迫于红马的威胁，黑将不能攻击，只能避至肋道。第3回合中，红方平炮至肋道将军，红车在中路，红炮在肋道，黑将无法避开，黑方只能进马至肋道应将。第4回合中，红方平车吃黑马并将军，黑将只能避回中路。第5回合中，红车平五将军，黑将避无可避。

3.4 重炮

一方将双炮重叠于一条线上，一炮充当炮架，另一炮将军，或前炮将军后炮控制，将对方杀死。俗语说"重炮无垫子"，就是指这种杀法所具有的威力。

基础图形

如右图所示，红方先。

回合	红方	黑方
1	炮八平五	

在中路上，红炮与黑将之间无任何棋子，此时，黑方无法在它们之间垫子，下一步，红方走炮八平五，以前炮为炮架，后炮将军，黑方无法应将，被红方将死。

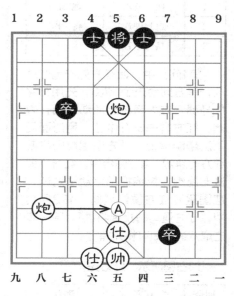

杀法运用

重炮这种杀法还有前炮将军，后炮控制的情况。如右图所示，红方先。

回合	红方	黑方
1	炮七进五	士4进5
2	炮八进二	

红兵所处位置不仅塞住了象眼，还能防止黑将进1离开底线。因此，第1回合中，红方炮七进五将军，黑方只能进士，通过拆炮架来应将。第2回合中，红方炮八进二重炮杀，黑方败。

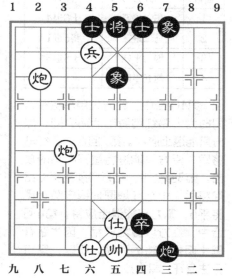

重炮虽然是一种简单有效的杀法，但也极易被对手发觉，在运用重炮时棋手需要有相当丰富的经验。

如右图所示，红方先。

回合	红方	黑方
1	仕五进六	炮7退4
2	炮七进八	将5平4
3	马三退五	

第1回合中，如红方先走炮七进八，黑方则会走士5进6，先用士绊住马腿，并为将腾出活动范围，因此，红方需先走开中仕，用对面笑杀法牵制黑士。黑方退炮意图拦截红方七路炮。第2回合中，红方立即进七路炮，黑将提前移动至肋道，意图避开红方重炮威胁。第3回合中，红方退马防止黑将进1，下一步走炮八进三即可将死黑方。

如右图所示，红方先。

回合	红方	黑方
1	车六进五	士5退4
2	马二进三	将6进1
3	炮七平四	士6退5
4	炮五平四	

第1回合中，红方先用车将军，同时为七路红炮腾出活动空间，黑方只能退士应将。第2回合中，红马将军，黑方只能进将避开红马的攻击。第3回合中，红方必须先平七路炮将军，中路红炮原地镇守防止黑将平5，黑方只能退士应将。第4回合中，红方以重炮将军，因中路有黑士阻拦黑将的活动，所以，黑将无法避开，黑方败。

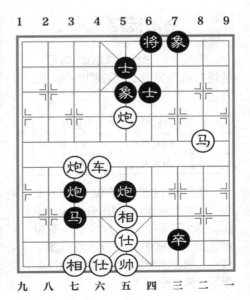

3.5 天地炮

两炮其中一炮沉底，另一个炮居中，然后用其他子力配合炮杀死对方的杀法。

基础图形

如右图所示，红方先。

回合	红方	黑方
1	兵三进一	

红方中路有一炮牵制黑方士象的活动，二路炮沉底，当红方走兵三进一作为炮架，二路炮将军时，黑方则无法应将了。

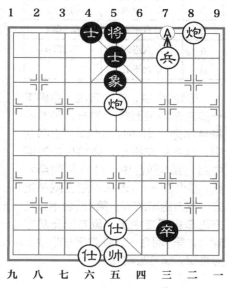

杀法运用

天地炮这种攻杀方法以车配合双炮攻击最为常见，如右图所示，红方先。

回合	红方	黑方
1	炮七平二	前炮进2
2	炮二进五	

红方中炮牵制黑方士象的活动，六路红车和三路红兵分别镇守一条肋道，牵制黑将活动。当红方平炮至二路时，黑方没有棋子能回防，当红方一炮沉底将军时，黑方无应将方法。

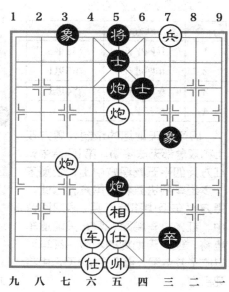

车与双炮配合包括车到底线和出帅（将）后再用车杀中士这两种杀法。

如右图所示，红方先。

回合	红方	黑方
1	炮二进五	将5平4
2	车四平六	将4平5
3	帅五平六	车2退4
4	车六进四	车2进9
5	车六平五	

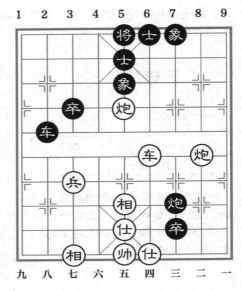

第1回合中，红炮沉底，企图下一步走车四进五将死黑方，黑方平将至肋道，以防被将死。第2回合中，红方平车将军，黑将只能避回中路。第3回合中，红方平帅至六路，企图下一步走车六进五闷杀黑方，黑方退车防守。第4回合中，红方进车捉黑方中士，黑方已无防守能力。第5回合中，红方平车吃中士后将军，黑方被将死。

如右图所示，红方先。

回合	红方	黑方
1	兵四平五	车2平5
2	车四进五	车5退1
3	车四平五	将4进1
4	车五平六	

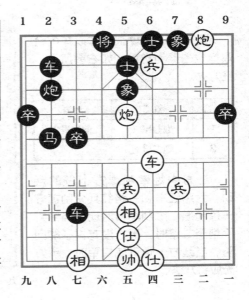

因红方天地炮的牵制，黑方双士和双象都无法移动。第1回合中，红方兵四平五吃黑方中士，企图下一步走车四进五将死黑方，因此，黑方平车至中路吃红兵。第2回合中，红方进车将军，黑方只能退车垫将，但因天地炮的牵制，红车可以吃子并将军，直至在第4回合中将死黑方。

44

3.6 铁门栓

铁门栓是指用炮镇住对方的将（帅），在另一个垂直方向上，用车或兵从肋线、底线发起进攻的方法。

◆ 基础图形

如右图所示，红方先。

回合	红方	黑方
1	车三进三	

红炮与黑方士象将位于中路，当前黑方的士象被红炮牵制无法移动。当红方走车三进三将军时，黑方就无法应将，即被将死。

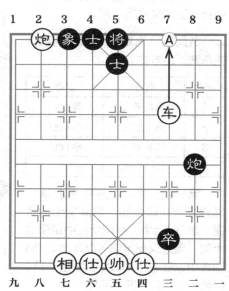

在铁门栓杀法中，己方的炮与对方的将（帅）位于同一竖线为垂直铁门栓，位于同一横线则为水平铁门栓。

回合	红方	黑方
1	车三进三	

红炮牵制黑方底线上的士象，红帅牵制黑方中士，当红方进车将军时，黑方无法应将，即被将死。

◆ 杀法运用

在铁门栓杀法中,与炮配合的棋子最常见的是车和兵。右图所示为炮与车配合的铁门栓杀法,红方先。

回合	红方	黑方
1	炮八平二	士6进5
2	炮二平五	炮2平4
3	车四进一	

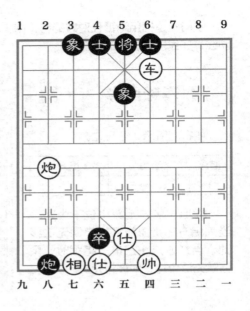

第1回合中,红方平炮至二路要杀,黑方进士。注意,千万不可走炮八平五,不然,黑方走象5进3,红炮就失去牵制作用了。第2回合中,红方平炮至中路牵制士象,黑方败局已定,走炮2平4。第3回合中,红方进车将军,因红帅是红车的根,黑将无法吃红车,黑方败。

如第1回合中黑方不进士,红方便直接进炮至底线将军。

右图所示为炮与兵配合的铁门栓杀法,红方先。

回合	红方	黑方
1	炮八平二	象3进5
2	炮二平五	卒1进1
3	帅五平四	卒1进1
4	兵三平四	

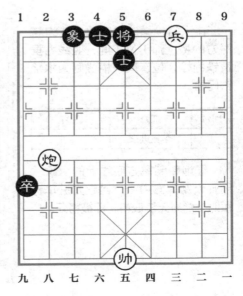

第1回合中,红方平炮要杀,黑方进象补厚中路,解除黑士的禁锢。第2回合中,红炮返回中路牵制士象,黑方只剩黑卒可以走动。第3回合中,红方平帅做红兵的根。第4回合中,红兵平四将死黑方。

3.7 卧槽马

卧槽马是指己方的马位于对方象（相）位的前一个交叉点上。己方先用卧槽马限制将（帅）的活动范围，再用其他棋子去将死对方的方法，称为卧槽马杀法。

基础图形

如右图所示，双方马均为卧槽马，右图盘面中红方先。

回合	红方	黑方
1	车二平四	士5进6
2	车四进二	

卧槽马镇守住了将（帅）位，当红方走车二平四将军时，黑将无法返回中路避将，黑方进士垫将之后，黑士为无根子，红车可吃掉黑士继续将军。

杀法运用

配合卧槽马进行攻杀的棋子有兵、炮、车三种棋子。如右图所示，红方先。

回合	红方	黑方
1	炮二平七	车3进1
2	相五退七	卒6进1
3	帅五进一	卒6平5
4	马二进三	

第1回合中，红炮吃黑马后，为马二进三腾出行动路线，配合六路兵可将死黑方，因此，黑方只能进3路车将军。第2回合中，红方退相吃黑车应将，黑方之后的行棋都只能拖延一下，败局已定。

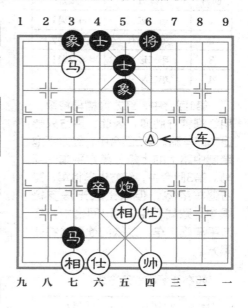

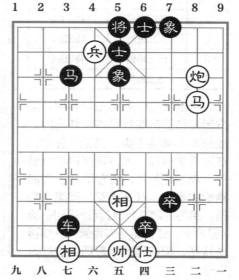

47

在实战中，卧槽马杀法会结合其他杀法，以下我们通过两个棋局深入学习。

如右图所示，红方先。

回合	红方	黑方
1	马二进三	车6退1
2	炮四平五	车6平7
3	车二进五	车7退1
4	车二平三	

第1回合中，红方卧槽马将军，用红炮镇守肋道，因此，黑方只能退车绊马腿。第2回合中，红方平炮牵制中路上的士象，黑方平车吃红马。第3回合中，红方进车将军，黑方退车垫将，但因士象无法支援黑车，败局已定。第4回合中，红方平车吃黑车，以铁门栓杀法将死黑方。

如右图所示，红方先。

回合	红方	黑方
1	马二进三	将5平6
2	车二进五	将6进1
3	兵三平四	将6进1
4	马三退四	

第1回合中，红方进马将军，黑方因无棋子可吃红马或绊红马腿，故只能平将至6路。第2回合中，红方进车将军，黑方选择进将以避开。第3回合中，红方平兵作为四路炮的炮架，红炮将军，因黑士阻挡，黑将只能进1吃红兵以应对。第4回合中，红方退马做炮架，红炮再次将军，黑将因黑象阻挡，被红方闷杀。

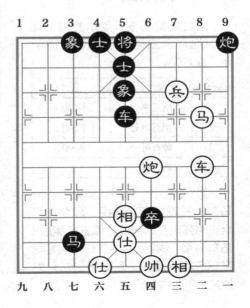

48

3.8 挂角马

挂角马是指己方的马位于对方九宫的士（仕）角位上。挂角马杀法是以挂角马为主要攻击棋子，再以车、炮、兵配合将死对方的方法。

◆ 基础图形

如右图所示，右图盘面中红方先。

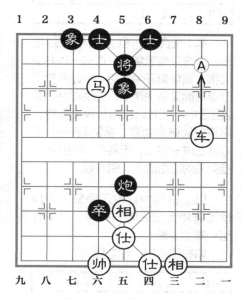

回合	红方	黑方
1	车二进三	

红方挂角马攻击黑将，迫使黑将离开底线，来到宫二线。红方进车至A点将车，黑将退一格位于挂角马的攻击点，平左平右依旧位于红车的攻击范围内。

◆ 杀法运用

以挂角马攻击时，须先确认对方九宫中心是否有士（仕），如有则先牵制或移开这个士（仕），使其失去防守作用。如右图所示，红方先。

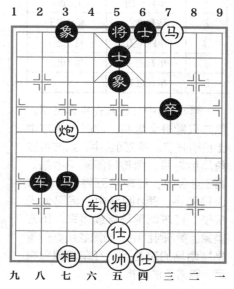

回合	红方	黑方
1	炮七平五	马3退4
2	马三退四	将5平4
3	车六进三	士5进4
4	车六进二	

红方先平炮牵制黑方中士，再跳挂角马将军，此时，红马就不会受到黑士的攻击。

49

如右图所示，红方先。

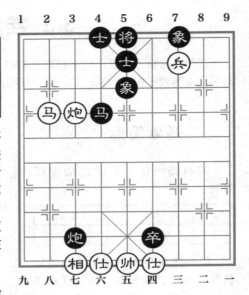

回合	红方	黑方
1	炮七进三	象5退3
2	马八进六	将5平6
3	兵三进一	

第1回合中，红方炮七进三将军，黑方只有退象吃红炮这一种方法应将，黑象离开中路后，中路的黑士就受对面笑杀法牵制，无法离开。第2回合中，红方以挂角马攻击黑将，黑将只能避至肋道。第3回合中，红方兵三进一将军，黑将平5和进1都在挂角马的攻击点上，黑方败。

以上棋局中红方用牵制的手段使黑方中士失去防守作用，以下介绍引离的手段。

如右图所示，红方先。

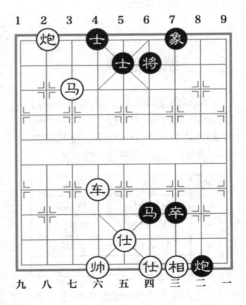

回合	红方	黑方
1	车六平四	士5进6
2	马七进六	将6平5
3	车四平五	马6退5
4	车五进一	象7进5
5	车五进三	

第1回合中，红方先平车将军，黑方只能进士垫将，此时，黑方中士被引开了。第2回合中，红方跳挂角马后将军，黑将只能避回中路。第3回合中，红车平五将军，黑方退马垫将。第4回合中，黑马为无根子，红车吃黑马继续将军，黑方垫象。第5回合中，因黑象所处位置是挂角马的攻击点，红车吃黑象将军，黑方无法应将。

50

3.9 八角马

己方的马在对方九宫任意一个士（仕）角位上，且与对方的将（帅）形成对角，使对方的将（帅）失去活动自由，再用其他棋子将死对方。

基础图形

如右图所示，红方先。

回合	红方	黑方
1	兵三进一	

红马与黑将所处位置形成对角，A、B两点为红马的攻击点，黑将被禁锢在原地。当红方进兵将军后，黑将无法避开，又无棋子能吃红兵，黑方被将死。

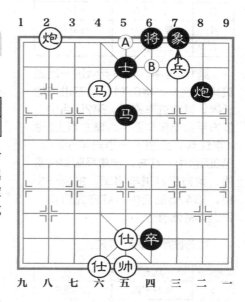

杀法运用

如右图所示，红方先。

回合	红方	黑方
1	马八进六	炮4退6
2	马七退六	士5进4
3	车三平四	

红方跳八角马，暗藏车三进二这步杀棋，因此，黑方必须解杀。第一次黑方退炮吃八角马，第二次黑方进士吃八角马，从而使红帅独占中路，黑将只能在肋道上活动。当红方车三平四将军时，黑方无法应将。

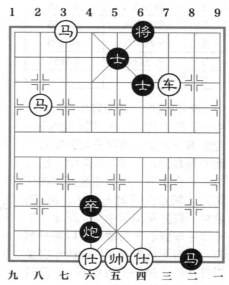

51

如右图所示，红方先。

回合	红方	黑方
1	兵六进一	车4进1
2	帅五平六	士5退4
3	马五进六	卒4进1
4	帅六进一	马8退6
5	兵三进一	

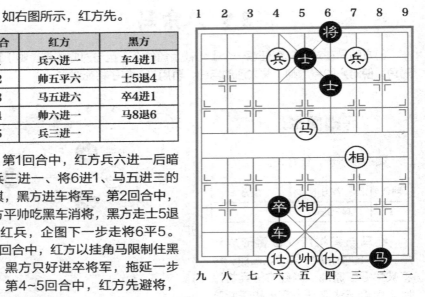

第1回合中，红方兵六进一后暗藏兵三进一、将6进1、马五进三的杀棋，黑方进车将军。第2回合中，红方平帅吃黑车消将，黑方走士5退4吃红兵，企图下一步走将6平5。第3回合中，红方以挂角马限制住黑将，黑方只好进卒将军，拖延一步棋。第4~5回合中，红方先避将，再进兵将死黑方。

如右图所示，红方先。

回合	红方	黑方
1	车五平四	士5进6
2	马五退六	车3退8
3	车八进八	士6退5
4	车八平五	车3进9
5	相五退七	卒6进1
6	车五进一	

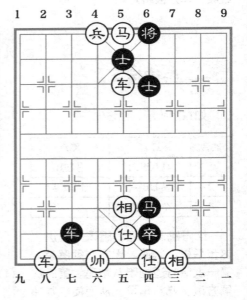

第1回合中，红方弃车引离黑方中士。第2回合中，红方跳挂角马，企图下一步走兵六平五将死黑方，黑方退车回防。第3回合中，红方进车，企图下一步平车至四路将死黑方，黑方只好退士阻拦。第4回合中，红方平车至中路吃黑士，下一步平车或进车将军就可以将死黑方，黑方无法应对，只能进车将军进行拖延。第5~6回合中，红方应将之后再进车将死黑方。

3.10 钓鱼马

己方的马位于对方象（相）位前的第二个交叉点上，称为钓鱼马。己方先用钓鱼马将军或限制将（帅）的活动范围，再用其他棋子去将死对方的方法，称为钓鱼马杀法。

◆ 基础图形

如右图所示，红黑双方的马均为钓鱼马，红方先。

回合	红方	黑方
1	兵四进一	

A点和黑方中士所处位置为红方钓鱼马的攻击点。红方进兵将军，黑将不能平6吃红兵，也不能走士5退6，如果退士，红车就能吃黑将，因此，黑方被将死。

◆ 杀法运用

如右图所示，红方先。

回合	红方	黑方
1	兵四平五	士6进5
2	车二进五	士5退6
3	车二平四	

黑方双士所在交叉点正是红方钓鱼马的攻击点。第1回合中，红方平兵至中路将军，黑方只能进士消将。第2回合中，红方进车至底线将军，黑方只能退士垫将。第3回合中，黑士为无根子，红车吃士后再次将军，黑方无法应将。

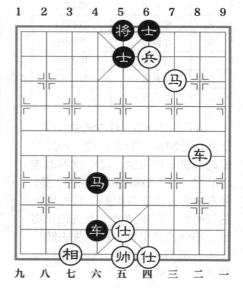

53

如右图所示，红方先。

回合	红方	黑方
1	马八进七	将4平5
2	车五进三	士6进5
3	车五进一	

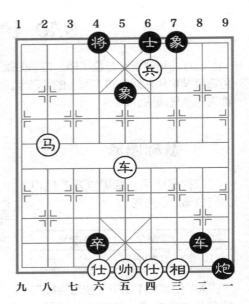

第1回合中，红方马八进七将军，黑将只能平5，如黑将进1，红方走车五平六将死黑方。第2回合中，红方进车吃象将军，黑方进士垫将。第3回合中，红方进车吃士将军，因红车有红兵为根，黑将不能吃红车，黑将平6或平4都是送将，黑方无法应将。

如右图所示，红方先。

回合	红方	黑方
1	车八进二	将4进1
2	车八退一	将4退1
3	车四进一	士5退6
4	马五进七	将4平5
5	车八进一	车4退8
6	车八平六	

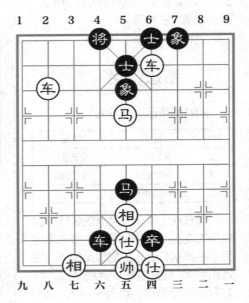

第1~2回合中，红方通过将军，让红车控制黑方的宫二线，当红方走马五进七将军时，黑将就不能走将4进1，从而破解钓鱼马杀法。第2回合中黑方如走将4进1，红方就走马五退七。第3回合中，红方进车将军，迫使黑方退士，使其失去防守作用。第4~6回合中，红方用钓鱼马杀法将死黑方。

3.11 高钓马

己方的马位于对方象（相）位前的第三个交叉点上，称为高钓马。己方用高钓马限制将（帅）的活动范围，再用其他棋子去将死对方的方法，称为高钓马杀法。

◆ 基础图形

如右图所示，红黑双方的马均为高钓马，红方先。

回合	红方	黑方
1	车二进二	

A点为红方高钓马的攻击点，黑将不能移动至A点，当红车移动至B点将军时，黑将便无法避开，同时也无棋子能垫将或消将，因此，黑方被将死。

◆ 杀法运用

如右图所示，红方先。

回合	红方	黑方
1	马五退三	将6进1
2	车三退一	炮2退1
3	车三退一	将6退1
4	车三平一	将6退1
5	车一进二	

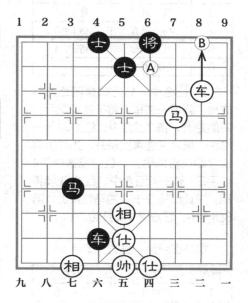

第1回合中，红方高钓马将军，黑将只能进1。第2回合中，红车退一，企图下一步平四将死黑方，黑方退炮防守。第3回合中，红方退车将军，因红车绊住了马腿，黑将可以退1。第4回合中，红车右移守住宫顶线，同时让高钓马将军，黑将只能退1。第5回合中，红车进二将死黑方。

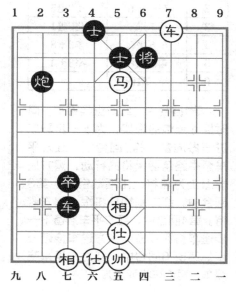

如右图所示，红方先。

回合	红方	黑方
1	兵四进一	将5进1
2	车八退一	将5进1
3	马二进三	将5平4
4	马三退五	将4平5
5	马五进七	将5平4
6	车八退一	

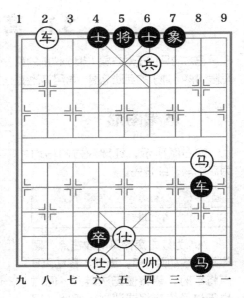

第1回合中，红方帅居四路为兵的根，兵进一将军，将不能反吃兵，只能避开。第2回合中，红方车退一将军，黑将只能再次避开，当前黑将被禁锢在宫顶线上，且只能选择平4或平5。第3~5回合中，红方连续将军，并让红马立于高钓马位置上。第6回合中，红方退车将死黑方。

如右图所示，红方先。

回合	红方	黑方
1	兵四进一	士5进6
2	车一平五	士6退5
3	马二进三	将6进1
4	车五平二	车2平8
5	车二退六	卒3平4
6	车二进四	

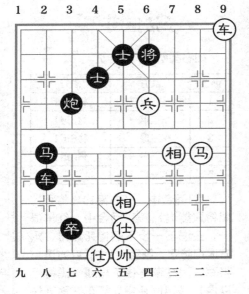

第1回合中，红方进兵将军，同时拆除黑炮的炮架，为下一步马二进三做准备。第2回合中，红方平车至中路禁锢黑将的行动，黑方只能退士为黑将让出活动空间。第3回合中，红方高钓马将军，黑方避将。第4回合中，红方平车准备下一步退车将死黑方，黑方送车拖延一步。第5~6回合中，红方先退车吃黑车，再进车将死黑方。

3.12 拔簧马

拔簧马是一种利用车和马的综合力量进行攻击的杀法。在构成拔簧马局面时，可以借助这次"拔"的机会进行叫将，对方应将时，可以将"拔"出来的那颗棋子移动到预定位置，进而实现双将、抽将、要杀、吃子等目的。

◆ 基础图形

如右图所示，红方的车和马已构成拔簧马局面，红方先。

回合	红方	黑方
1	车三平五	

当红方走车三平五后，红车同时镇守A、B两点，黑将无法移动；同时，因绊马腿的红车离开，红马将军。

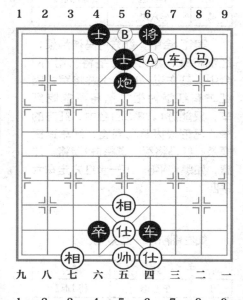

◆ 杀法运用

如右图所示，红方先。

回合	红方	黑方
1	马三进二	将6进1
2	车三进四	将6退1
3	车三退六	将6进1
4	车三进六	将6退1
5	车三平五	

第1回合中，红方用马将军，黑将不能平5，如黑方平5，红方走车三进五就能将死黑方。第2~3回合中，红方构建起了拔簧马局面，再借用拔的机会吃掉黑炮，以防车三平五后，黑方炮7退6垫将。第4~5回合中，红方运用拔簧马杀法将死黑方。

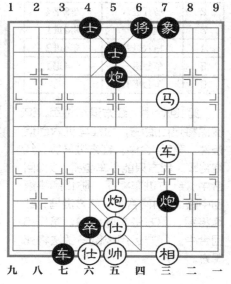

如右图所示，红方先。

回合	红方	黑方
1	马八进七	士5退4
2	车六进一	将5进1
3	车六退三	将5进1
4	车六进一	

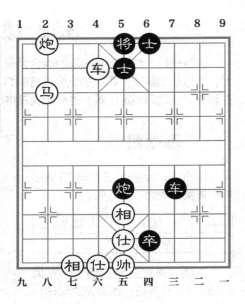

第1回合中，红方进马作炮架，红炮将军，黑方退士垫将。第2回合中，红车进一吃黑士并将军，因红车有红炮为根，黑将不能吃红车，只能进1。第3回合中，红方的车、马形成拔簧马局面，红车退三要杀，红马将军，黑将进1避将。注意，如黑将平6，下一步红方走车六平四。

如右图所示，红方先。

回合	红方	黑方
1	车七退一	将4退1
2	马五进六	车8平4
3	车七进一	将4进1
4	马六进八	车4进2
5	车七退一	将4退1
6	车七平五	

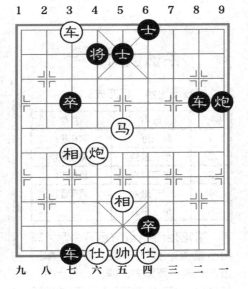

第1回合中，红方退车将军，迫使黑将退回底线，为红马进六创造条件。第2回合中，红方进马后，红炮将军，黑方只能平车垫将。第3回合中，红方进车将军，防止黑将返回中路。第4回合中，红方进马，红炮将军，黑方进车吃红炮。第5~6回合中，红方运用拔簧马杀法将死黑方。

3.13 双马饮泉

双马饮泉是指双马齐聚一侧发动攻势的一种杀法。先用一马在对方九宫侧翼控制将门，另一只马跳到这只马的内侧将军，双马互借威力，左扑右杀，共同出击。

◆ 基础图形

如右图所示，二路红马控制将门，四路红马按图中所示顺序走棋。

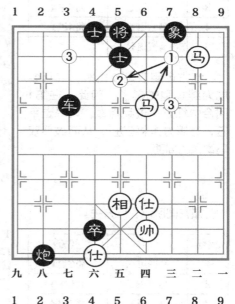

回合	红方	黑方
1	马四进三	将5平6
2	马三退五	将6平5
3	马五进七	

注意，在第2回合中，红方需把内侧的马退回中路，这样无论黑将平5还是进1，这只马都能将死黑方。例如，如果黑方走将6进1，红方则可以走马五退三。

◆ 杀法运用

如右图所示，红方先。

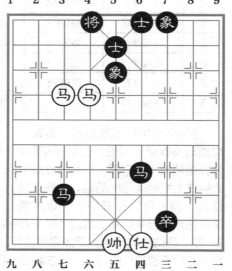

回合	红方	黑方
1	马七进八	将4平5
2	马六进七	将5平4
3	马七退五	将4进1
4	马五退七	

红方先走马七进八控制将门，再用双马交替将军，并最终将死黑方。

如右图所示，红方先。

回合	红方	黑方
1	兵六进一	将5平4
2	前马进八	将4平5
3	马六进七	将5平4
4	马七退五	将4进1
5	马五退七	

红方运用双马攻击时，红兵会成为绊马腿的棋子，因此，在第1回合中红方需进兵将军，切忌走平五，让黑方走将5进1，从而破坏双马饮泉的局面。

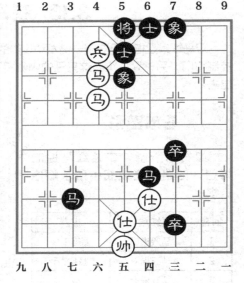

如右图所示，红方先。

回合	红方	黑方
1	马四进三	将6退1
2	马三进二	将6平5
3	马一退三	将5平6
4	马三退五	将6平5
5	马五进三	将5平6
6	兵六进一	士5退4
7	马三进五	将6进1
8	马五退六	

前4回合中红方通过运马将军，构成双马饮泉的局面。关键是第5回合，当前黑将在中路，红兵所处位置会绊住七路卧槽马的马腿，如先走开红兵，黑方可以走开中士，以对面笑杀法牵制五路红马。因此，第5~6回合中红方应先走马五进三，迫使黑将来到6路，再进兵吃黑士，把黑将禁锢在6路。第7回合中，红方将三路马跳到中路，之后不管黑将如何走，红方都能将死黑方。

3.14 马后炮

己方的马与对方的将（帅）在同一条横线或竖线上，中间空一个交叉点，用马限制将（帅）的活动范围，然后以马为炮架，用炮击杀对方的将（帅）。

基础图形

如右图所示，红方先。

回合	红方	黑方
1	炮二退一	

红马与黑将位于同一横线上，且中间空一个交叉点，红马控制A、B两点，黑将无法进退，只能平移。当红方退炮，以马为炮架将军时，黑将平移依旧在红炮的攻击范围内，黑方被将死。

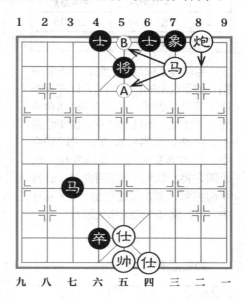

杀法运用

如右图所示，红方先。

回合	红方	黑方
1	马三进四	将5平6
2	炮五平四	

第1回合中，红方马三进四将军，由于红方中炮牵制了黑方士象，黑方不能进士吃红马，只能平将至6路。第2回合中，红炮平四，以马为炮架攻击黑将，如黑将平5回到中路，则红马进五吃黑将；如黑士进6吃红马，红炮进四吃黑将。

当前，黑方应将的方法只有消将和垫将，但黑方没有棋子能实施这两种应将方法。

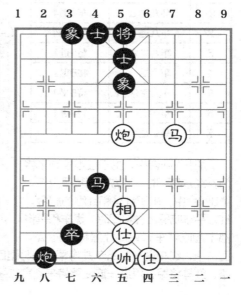

如右图所示，红方先。

回合	红方	黑方
1	车五进三	将4进1
2	车五平六	将4退1
3	炮三平六	士4退5
4	马四进六	

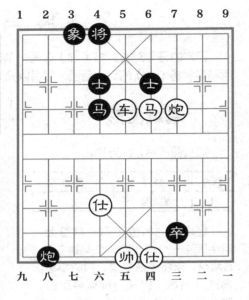

当前盘面中红方的帅和车占据中路，帅是红车的根，同时，红车又绊住了红马。因此，红方在第1回合中先进车将军，为红马让路，由于红帅占据中路，黑将只能进1。第2回合中，红方弃车引黑将退回底线，防止黑方将士联结。第3回合中，红方平炮将军，黑方只能退士。第4回合中，红方跳马作炮架将死黑方。

如右图所示，红方先。

回合	红方	黑方
1	马九进七	车4退4
2	车八进七	士5退4
3	车八平六	将5进1
4	车六退一	将5退1
5	车六平四	将5平4
6	车四进一	将4进1
7	马七退六	

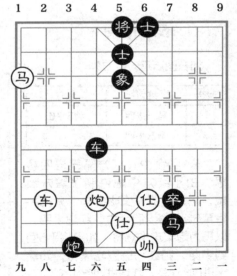

第1~2回合中，由于红炮控制了将门，红方将军时，黑方只能垫子应将。第3回合中，由于红马和红炮的配合，红方平车吃黑士并将军时，黑车和黑将都不能吃红车，只能让黑将进1。第4回合中，红车退一吃黑车并将军，黑将退回底线。第5~6回合中，红车先闪至四路，红马将军，再进一迫使黑将来到宫二线。最后一步红方以马后炮将死黑方。

3.15 双车错

双车错是利用不在同一竖线或同一横线的双车交替将军，把对方将死的杀法。

 基础图形

如右图所示，红方先。

回合	红方	黑方
1	车三进八	将5进1
2	车二退二	

红方双车分别在二路和三路上，并且，黑方士象并未在这一侧防守。二路红车控制黑方底线，当三路红车移动至A点将军时，黑将只能进1。随后，二路红车移动至B点将军时，黑方被将死。

 杀法运用

如右图所示，红方先。

回合	红方	黑方
1	车七进五	将6进1
2	车二进八	将6进1
3	车七退二	士5进4
4	车七平六	

盘面中黑方中士可以阻挡红方水平方向的双车错，因此，红方应采用垂直方向的双车错进行攻击。而且，黑方中士能阻挡红方走车七进四攻击黑将，因此，红方应先走七路车至底线，让二路车在黑方宫二线上攻击黑将。

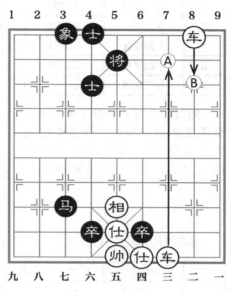

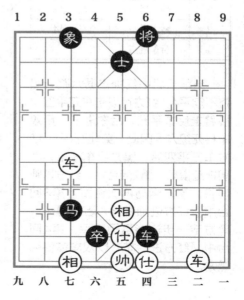

如右图所示，红方先。

回合	红方	黑方
1	车七平四	将6平5
2	车二进二	象5退7
3	车二平三	士5退6
4	车四进五	将5进1
5	车四平五	将5平6
6	车三平四	

如果红方第一步棋走车二进二就无法实施双车错，双方走棋如下：车二进二、将6进1，车七平四、士5退6；车四进三、将6平5。

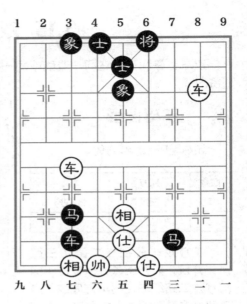

如右图所示，红方先。

回合	红方	黑方
1	车三平四	车3平4
2	帅六退一	马3退2
3	帅六进一	马2退4
4	后车进三	

当前盘面中红帅占据六路，黑将不能平4，红方可以走车三平四，接着走后车平五、后车进三，用双车将死黑方。因此，第1回合中，红方车三平四后，黑方平车将军，意图拖延棋局。第2回合中，红方退帅消将，黑方运马再次将军。第3回合中，红方进帅避开，若帅退一，黑方下一步还能运马将军。第4回合中，红方进后车，以双车错将死黑方。

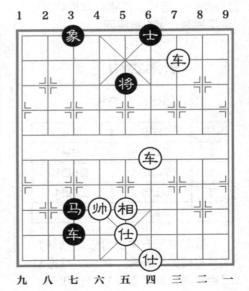

64

3.16 双车肋士

双车肋士指的是用双车攻击对方肋道，使对方中士无法防守，从而将死对方的杀法。

当对方有双士时，双车需有底炮配合。如右图所示，黑方有双士，红方需有底炮配合，利用车强行杀中士，构成杀局。

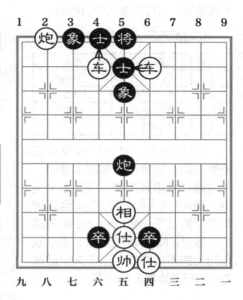

回合	红方	黑方
1	车四平五	炮5退4
2	车六进一	

红方双车侵入黑方两肋，底炮牵制黑方士象的行动。红方先用四路车杀中士将军，注意，一定要利用不能与炮配合作战的车杀中士；黑方士象不能行动，只能让黑将避开。接着，红方再用另一个车杀底士将军，黑方被将死。

如果对方只有单士，有些情况下就不需要底炮，但要借助帅的力量。如右图所示，红方先。

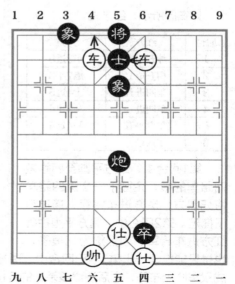

回合	红方	黑方
1	车四平五	炮5退4
2	车六进一	

黑方只有单士，红方双车侵入黑方两肋，红帅在六路协助红车。红方先用四路车强行杀中士，再进六路车将死黑方。

在对局中，盘面情况各异，使用双车肋士构成杀局的行棋方法会有所区别，但行棋思路是相同的。

如右图所示，红方先。

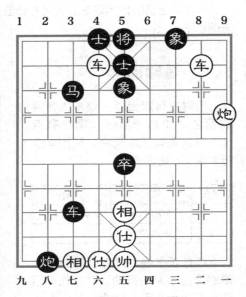

回合	红方	黑方
1	炮一进三	士5退6
2	车二平四	士4进5
3	车六平五	马3退5
4	车四进一	

第1回合中，红方进炮至底线将军，黑方底象被红车塞了象眼，无法通过拆炮架应将，只能退士垫将。第2回合中，红方平车至四路叫杀，准备下一步进一吃士将死黑方，黑方只能进4路士防守，当前双车肋士的布局完成，接下来按照该杀法的行棋步骤走棋即可。

如右图所示，红方先。

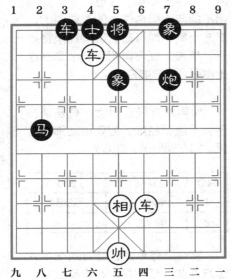

回合	红方	黑方
1	帅五平四	车3进9
2	相五退七	炮7平6
3	车四进五	士4进5
4	车四进一	马2退4
5	车六平五	马4退5
6	车四进一	

第1回合中，红方平帅至四路做四路车的根，企图下一步进四路车将死黑方；黑方进车将军，通过弃子拖延。第2回合中，黑方平炮拦截红方进车将军，但黑炮为无根子，也是只能拖延一步棋。第3回合中，黑方只能进4路士进行防守，红车进一形成双车肋士布局，之后按照该杀法的行棋步骤走棋即可。

3.17 炮碾丹砂

炮碾丹砂是指一方用炮侵入对方底线，借助车的力量，辗转扫荡对方的士、象或其他子力，从而击杀对方的方法。

◆ 基础图形

如右图所示，红方的车和炮在黑方底线上，红方先。

回合	红方	黑方
1	炮三平六	士5退6
2	炮六平八	象3进1
3	炮七进六	将5进1
4	车二退一	

第1回合中，红方炮三平六吃黑士，红车将军，黑方退中士垫将。第2回合中，红方炮六平八吃黑马，并将军，黑方走开底象。第3回合中，红方炮七进六，形成重炮将军的盘面，黑方只能进将避开重炮。第4回合中，红方车二退一将军，黑方无法应将。

◆ 杀法运用

如右图所示，黑方钓鱼马控制将门，接下来黑车进1就能成杀。红方先，可以用炮碾丹砂的杀法解杀。

回合	红方	黑方
1	车一进七	士5退6
2	炮二进三	士6进5
3	炮五进三	将5平6
4	炮二退八	将6进1
5	炮二平七	

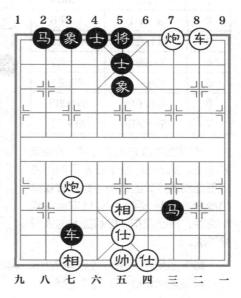

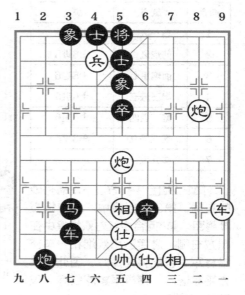

如下图所示，黑方中炮牵制红方中路仕相，钓鱼马控制将门，黑车进1或平6铁门栓成杀。红方先，可以用炮碾丹砂的杀法解杀。

回合	红方	黑方
1	车九进一	士5退4
2	炮一平七	车8平6
3	炮七进五	将5进1
4	车一退一	车6退7
5	车九退一	将5进1
6	车九平四	后马退6
7	车一平四	炮5平1

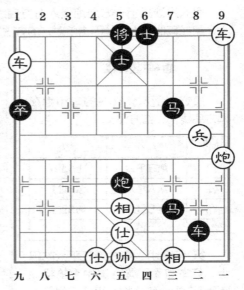

第1回合中红方进车将军，迫使黑方退士。第2~3回合中红方平炮再进炮形成炮碾丹砂的布局，并暗藏双车错成杀。第4~5回合中，红方运用双车将军，抽吃黑车，破解黑方的铁门栓杀法。

如下图所示，黑方先走卒7平6，再吃红仕，就能运双车将死红方。红方先，可以运用炮碾丹砂的杀法解杀。

回合	红方	黑方
1	车一进三	士5退6
2	前炮进二	士6进5
3	前炮平七	士5退6
4	炮三进三	士6进5
5	炮三退四	士5退6
6	炮三平九	车3平5
7	帅五进一	

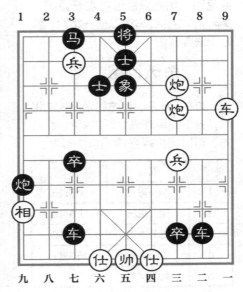

第1~2回合中红方没下炮碾丹砂的布局。第3~5回合中红方车炮交替将军。第6回合中红方双炮集中在黑方右侧，之后运用双炮和一车交错将军，就能将死黑方，因此，黑方平车送吃，借机退象吃红炮，破除红方杀局。

68

3.18 海底捞月

海底捞月是指在无法突破对方前线防御的情况下，己方利用帅（将）占中的优势，将棋子移动到对方底线的位置，并在对方将（帅）背后发起攻击，从而取胜的杀法。

如下图所示，红方的车和帅控制着中线，车和炮在黑方底线上，红方先。

回合	红方	黑方
1	炮七平六	车4平7
2	车五退三	车7退5
3	车五平六	车7平4
4	炮六退二	将4退1
5	炮六平一	

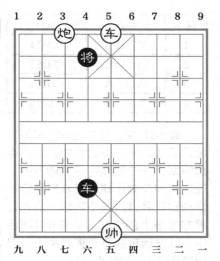

第1回合中，红方平炮，以将为炮架攻击黑车，迫使黑车离开4路。第2回合中，红方退车，意图下一步平车将军；黑方退车，准备下一步平车垫将。当然，黑方也可以进车将军，但最多将两次，不可长将，这也只能拖延2个回合。第3~5回合中，红方以对面笑的杀法将死黑方。

◆ 杀法运用

如右图所示，红方先。

回合	红方	黑方
1	车五进三	将4进1
2	兵五平六	车4进2
3	帅五进一	车4退2
4	兵六平七	车4退2
5	车五进一	将4退1
6	车五平六	

注意，黑车可以在肋道上来回将军，拖延至第10个回合，以上走棋已省略后续步骤。

海底捞月杀法既注重底线进攻，也重视中线的占领。能否同时具备这两个条件，是决定此杀法成功与否的关键。

如下图所示，黑方钓鱼马成杀，下一步车4进2可将死红方。红方先，需抢先进炮至底线发起攻势，再让红炮在黑将背后攻击黑车；之后借中炮的威力，将死黑方。

回合	红方	黑方
1	炮三进二	将4进1
2	马五进七	将4进1
3	马七进八	将4退1
4	车四平五	士6进5

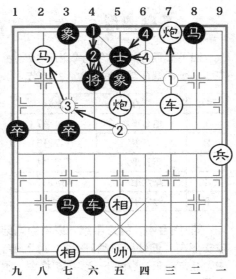

第1回合中，红方进炮把黑将赶至宫二线。第2~3回合中，红马连续将军，并控制黑将的活动范围。现在来到关键步骤，红方三路炮要移动到黑将背后攻击黑车，需先让黑方底线上的士离开。在第4回合中，红方运车强行吃黑方中士，迫使黑方进士，为红炮让道。

回合	红方	黑方
5	炮三平六	士5退4
6	车三进二	马8进6
7	车三平四	士4进5
8	车四平五	

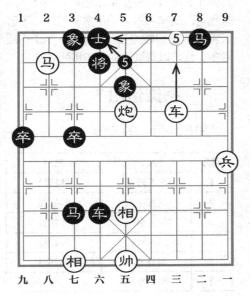

第5回合中，红炮在黑将背后攻击黑车，黑方退士吃红炮。当然，黑方可以走车4平5送吃，红方相七进五破解钓鱼马杀局。当前，红方中炮镇守中线，红马守住肋道，之后红方车三进二将军，黑方垫将棋子都是无根子，并不能阻挡红车的攻势。第6~8回合中红方运车将军即可，此处不再标注。

3.19 二鬼拍门

二鬼拍门是指一方用双兵（卒）分别占据对方九宫中心两侧，锁住将（帅）的出路，然后在其他棋子的帮助下强行破士取胜的杀法。

基础图形

如右图所示，红方先。

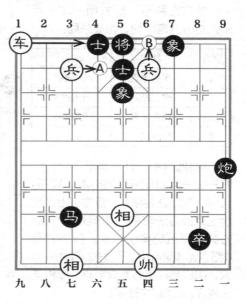

回合	红方	黑方
1	兵七平六	炮9平5
2	车九平六	士5退4
3	兵四进一	

第1回合中，红方兵七平六，让双兵锁住将的出路，黑方平炮保护中士，防止红兵平五。第2回合中，红车强行吃底士，黑方只能退士。第3回合中，红方兵四进一，因红帅在四路为红兵的根，黑将不能平6吃红兵，而六路红兵控制将门，黑将也不能进1，黑方被将死。

杀法运用

如右图所示，红方先。

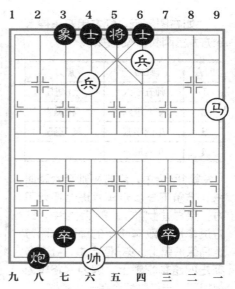

回合	红方	黑方
1	马一进三	卒3进1
2	帅六进一	士4进5
3	兵六进一	炮2退9
4	兵六平五	士6进5
5	兵四平五	

第1回合中，红方用钓鱼马控制黑方九宫的2个点。第3回合中，红方进兵，用双兵封锁黑将的出路，之后走动双兵，将死黑方。

71

二鬼拍门的走棋要领是使用两个棋子封锁将（帅）的出路。从兵（卒）的走法来看，进攻方用于封锁将（帅）的出路的棋子，不仅可以是双兵（卒），还可以是车兵（卒）或双车。另外要注意的是，当一方利用双车侵入对方九宫两肋时，通过车强行杀士构成的杀局，被称为双车肋士杀法。

如右图所示，红方用一车一兵侵入对方九宫两肋，构成杀局。

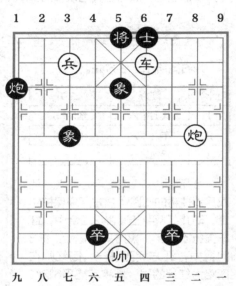

回合	红方	黑方
1	兵七平六	卒7平6
2	炮二进四	士6进5
3	兵六平五	将5平4
4	车四进一	

第1回合中，红方兵七平六，红方一车一兵封锁黑将的出路。第2回合中，红炮进四将军，黑方进士，用拆炮架的方法应将。第3回合中，红方兵六平五吃黑士将军，黑将避至4路。第4回合中，红方车四进一将军，因红兵在黑方九宫中心，黑将无法避开，即黑方被将死。

如右图所示，红方用双车侵入黑方九宫两肋，构成杀局。

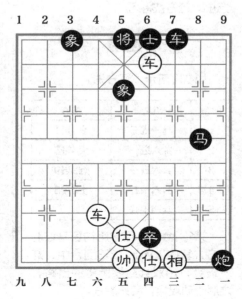

回合	红方	黑方
1	帅五平六	士6进5
2	车六进六	马8退7
3	车四平五	马7退5
4	车六进一	

第1回合中，红方平帅至六路叫杀，准备下一步走车六进七将死黑方，黑方进士防守。第2回合中，红方进车形成双车肋士的局面，黑方退马保护黑士。第3回合中，红方必须走四路车吃黑士，因为六路车为有根子，与红帅配合有一步杀棋。

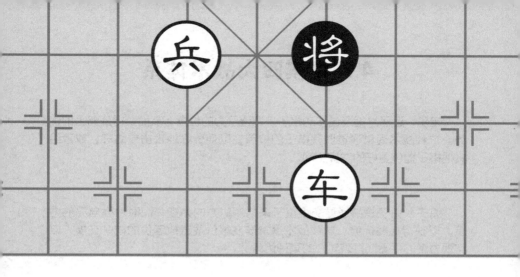

第四章

象棋基础战术

象棋战术是指根据棋局形势，有计划地调配子力，在攻守对抗中，为了实现某种战略目的而采取的具体行动。象棋战术大致分为运子战术、兑子战术、弃子战术和捉子战术四大体系，每种战术都有其独特的特点和运用方式。接下来，我们将逐一讲解这四大战术体系中常见的战术手段。在讲解每一种战术时，我们将首先对其概念进行解释，帮助读者理解其含义和作用。然后，通过实例棋局的分析，使读者更好地理解该战术在实际对局中的运用。

4.1 象棋四大战术体系

运子： 运子是指通过移动棋子来调整子力的位置，从而获得战略上的优势。这种战术通常通过调整棋子的位置，以便更好地攻击或防守，或者给其他棋子提供更好的发挥空间。

兑子： 兑子是指通过交换棋子来削弱对方的力量，同时增强自己的力量，以获得战略优势。这种战术通常涉及等价或近似等价的棋子交换，以实现力量的平衡或打破对方的某种优势。

弃子： 弃子是指主动放弃一子，以获得战略上的优势。这种战术通常是为了打破对方某种优势或实现更大战略目的而采取的措施。弃子可能会使对方暂时获得优势，但通过牺牲一子，可以打开局面或调整自己的棋子位置，从而获得更大的战略优势。

捉子： 捉子是指通过各种手段，如闪击、围困或利用规则等，谋求吃掉对方的重要子力，从而获得战略上的优势。这种战术通常涉及对对方棋子的直接攻击或间接调离，以削弱对方的力量或破坏对方的阵型。

4.2 腾挪

象棋中，当某个棋子位置不佳，影响其他棋子发挥时，可以通过将、杀、弃、捉等手段，移动该棋子的位置，以便其他棋子发挥更大作用。这种调整棋子位置的战术被称为"腾挪"。

◆ 运子腾挪1

如图一所示，红马控制了黑方九宫中心点，四路上的红兵如果是有根子，就可以进一将死黑方。仔细观察棋盘上的红方，当四路红炮走开之后，红帅就能成为四路红兵的根。而红方移开阻碍红帅发挥作用的红炮，就需采用腾挪战术。

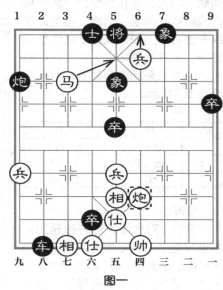

图一

双方行棋步骤如图二所示。

回合	红方	黑方
1	炮四平二	象7进9
2	兵四进一	

分析

第1回合中，红方平炮至二路，暗藏"炮二进七"和"兵四进一"的杀棋，黑方进象，提前拆除炮架。第2回合中，红方进四路兵将军，黑方无法应将。

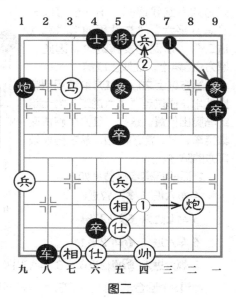

图二

75

运子腾挪2

如图一所示，八路红车移动至两肋，与六路车和炮配合，对黑将构成威胁。但是，七路红兵阻碍了红车的行动，如果红方直接让红兵进一，黑方就能防守，面对这种局势，红方应采用腾挪战术，行棋步骤如图二所示。

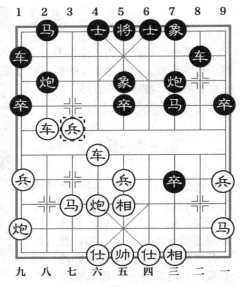

图一

回合	红方	黑方
1	炮九平三	车8进2
2	炮三平八	车1平2
3	兵七进一	士6进5

分析

第1~2回合中，红方移动炮左右进攻捉子，迫使黑方不得不走动黑车保护被捉棋子。第3回合中，红方进七路兵，达成腾挪目的；当前红方双车路线通畅，下一步可以走"车八平六""车八平四""车六进二"，从两肋发起进攻，因此，黑方进6路士，让双士联结。

黑方进士之后，红方继续运用腾挪战术，通过走"车六进二"为七路红马腾出位置。这样，红方能够快速集结车、马、炮的战力，从左翼攻破黑方的防守。

之后的行棋步骤参考如下：

④车六进二 ❹马7进8

⑤马七进六 ❺马2进4

⑥车六进二 ❻车2平4

⑦炮六进六 ❼炮2进6　⑧车八退四 ❽炮7平9

经过8个回合的博弈，红方用一车一炮兑换黑方一车、一马和一炮。

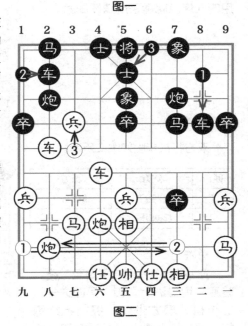

图二

运子腾挪3

如图一所示，二路红炮移至A点能以重炮的杀法将死黑方。但是，四路红马阻碍了红炮的行动。面对当前局势，红方需运用腾挪战术把红马走开，行棋步骤如图二所示。

回合	红方	黑方
1	马四进二	将5进1
2	马三退四	将5进1
3	马二进三	炮2退4
4	炮二平五	将5平6
5	马三退五	炮2平4
6	前炮平四	

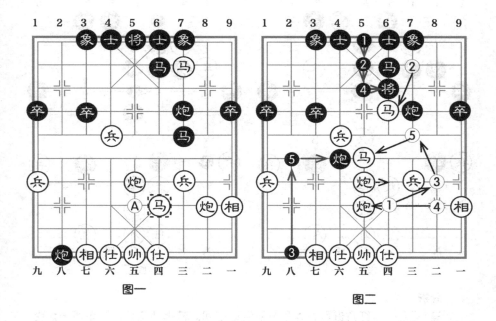

图一

图二

分析

第1回合中，红方进马捉黑马，为二路红炮腾出行动路线。黑方迫于重炮杀的威胁，提前进将。第2回合中，红方退三路马将军；黑进将应对。注意，如果黑将平4，红方下一步走炮二平六将死黑方。第3回合中，红方进二路马吃黑马，为配合红炮攻击做准备；当前四路至六路都已架好了炮架，黑方迫于红炮威胁，退炮至河界为隔断红炮将军做准备。第4回合中，红方重炮将军，重炮无法垫将，黑方只能平将至6路。第5回合中，红马退至中路阻挡黑炮垫将的路线，同时成为炮架，准备下一步平炮至四路将死黑方；黑方当前是必败局，因此平炮。第6回合中，红方平炮将死黑方。

77

弃子腾挪

如图一所示，七路红马占据卧槽位，当三路红车来到六路时，能以卧槽马杀法将死黑方。但是，红车退至A点，黑方可以进中卒拦截，红车退至B点，中兵阻碍了红车平六的路线；此时，红方需通过放弃红兵，为红车腾出行动路线，行棋步骤如图二所示。

回合	红方	黑方
1	兵五进一	卒5进1
2	车三退一	将4进1
3	车三平六	士5进4
4	车六平八	车2平4
5	车八进一	马3进4

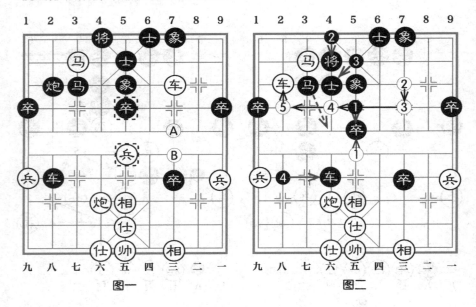

图一　　　　　　　　　图二

分析

第1回合中，红方进兵，为车开辟活动空间。若黑卒吃兵，红车退一；否则，红车退二。第2回合中，红车退一，准备下一步平移到六路；黑方只能进将以破解杀棋。第3回合中，红方把车平移至六路，使车和炮同时将军；黑方只能进士以垫子应对。第4回合中，红方平车捉拿黑炮和黑车，同时让红炮将军；黑方只能平车垫将，以避免被吃。第5回合中，红方进车吃掉黑炮并捉黑马；黑方进马以逃脱红车的攻击，并解除红炮对黑车的牵制。

图示说明

在图二中，黑方第5回合的走棋以虚线表示，但实际上并未将棋子真正移动到指定的点。这样的表示方法是为了更方便地观察棋局。请注意，之后的案例可能会出现类似的问题。

4.3 拦截

拦截是指在对弈过程中，己方通过弃子或运子来堵塞对方棋子的通道，使其失去攻守能力的一种基本战术。

◆ 运子拦截1

如图一所示，红方车三进五吃象后，完成了双车错的布局。然而，红方进车后，黑方便伏有车2平4的杀棋。面对当前的局势，红方需要采取拦截的战术来阻拦黑车的行动，并布下杀棋。通过杀棋威胁黑方，红方有机会吃掉黑方一炮。具体的行棋步骤可以参考图二的指示。

回合	红方	黑方
1	炮七退二	车2退1
2	帅六进一	炮8平9
3	车三平一	

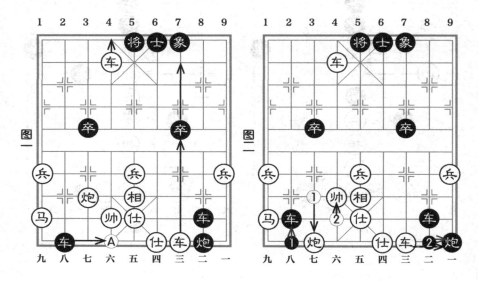

图一　图二

分析

第1回合中，红方退炮拦截黑车平4的路线，解除杀棋威胁。红方退炮拦车后，黑方面临双车错的威胁，因此退回将军。如果黑方改走象7进9以保护7路黑卒，红方便走车三平二吃炮并捉车，如果黑车离开8路，红方就能利用双车错杀法将死黑方。第2回合中，红方应走帅六进一，若红帅退一则红车会被牵制，无法移动。黑方平炮破解红方平车吃炮捉车的棋。第3回合中，红方平车吃炮，避免黑方走炮9退2将军。

运子拦截2

如图一所示，红相正在捉黑车，同时黑马也在捉红车。为了打破这种兑子的局面，红方可以选择平一路炮至A点，这样可以绊住黑马的腿。接下来，红方可以再平帅至B点，以构建杀棋的局势。通过这样的杀棋威胁，红方有机会吃掉黑方的一马一炮。具体的行棋步骤可以参照图二的指示。

回合	红方	黑方
1	炮八平五	车7退5
2	兵五进一	炮3平5
3	炮五退二	

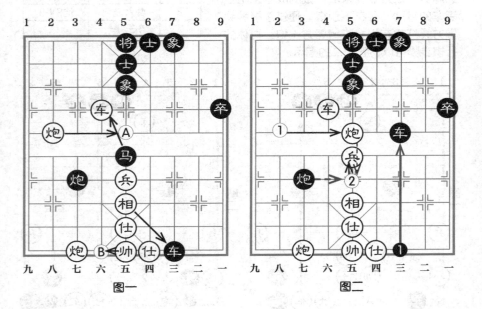

图一　　　　　　图二

分析

第1回合中，红方选择平炮至中路，这被称为"中炮"。这一步使黑马失去攻击力，并且当前局势是红兵捉黑马，红相捉黑车。黑方面临选择，最终选择救黑车，放弃黑马。第2回合中，红兵吃掉黑马，使兵成为红炮的根。当前红方中炮牵制了黑方的士象，红方可以选择使用对面笑或闷杀的杀法将死黑方（具体走棋步骤可参考：帅五平六、车六进三，或者炮八进八、车六进三）。黑方迫于无奈，只能平炮至中路，通过弃子解除红方中炮对士象的牵制。

运子拦截3

如图一所示，红方平炮至A点，意图下一步与红车配合杀死黑将。例如：炮六平九、士4进5，炮九平五、将5平4，车五平六、将4平5，车七进五。然而，当红方平炮至A点后，黑方可以将2路车退至B点进行防守。面对当前的局势，红方可以选择采取拦截的战术。具体的行棋步骤可以参考图二和图三的指示。

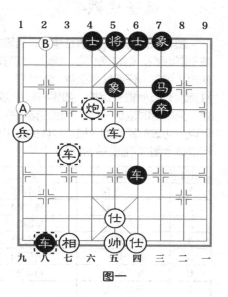

图一

回合	红方	黑方
1	兵九平八	车6平2
2	炮六平八	后车退2
3	炮八退六	车2进5

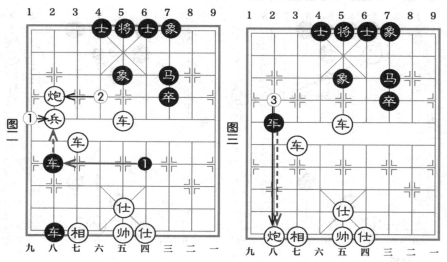

分析

第1回合中，红方平兵至八路阻拦黑车回防，下一步炮六平八做杀并捉2路黑车。黑方平6路车至2路，双车联结。第2回合中，红方平炮至八路邀请黑方兑子，黑方被迫兑子。接下来，红方用一兵一炮兑黑方一车。

运子拦截4

图一取自古谱《适情雅趣》，当黑方走车3进9杀相，则将死红方。因此，红方需尽快阻止黑车。仔细观察棋盘上的红棋，由于红炮没有其他棋子保护，如果将其平移至A点，只能暂时拖延一步。而通过运马拦车，可以成功破解黑方的杀棋。具体的行棋步骤可以参考图二和图三的指示。

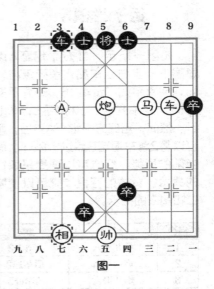

图一

回合	红方	黑方
1	马三进五	士4进5
2	马五进七	将5平4
3	炮五平一	车3进1
4	炮一进三	将4进1
5	炮一退一	士5进4
6	车二进二	将4退1
7	车二平七	

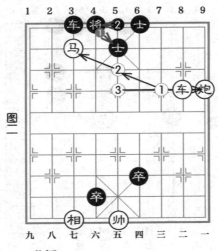

图二

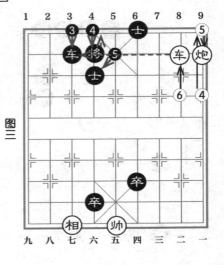

图三

分析

第1回合中，红马进五，红炮将军，黑方进4路士垫将。请注意，如果黑方进6路士，红方下一步进车将死黑方。第2回合中，红马进七，红炮和红马同时将军，黑方平将避开攻击。第3回合中，红炮平一杀卒，暗藏车二平六的杀棋，以及炮一进三将军，抽吃黑车；黑车进1杀马避开红炮威胁，同时可以在红车平六将车时垫将。第4~5回合中，红方运炮将军。第6回合中，红车将军，抽吃黑车。

82

弃子拦截

如图一所示，红方平兵至A点绊住黑马，再把红马跳到B点，下一步跳到C点便能将死黑方。红方走兵六平五就是通过弃子阻碍黑马的攻击，然后，运用卧槽马杀法威胁黑方，最终可吃掉黑车。

双方行棋步骤如图二和图三所示。

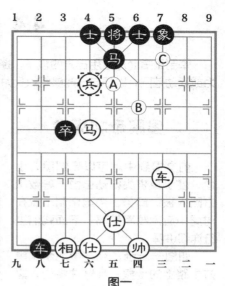

图一

回合	红方	黑方
1	兵六平五	车2退6
2	车三平四	马5进7
3	马六进四	车2平6
4	车四进三	士6进5

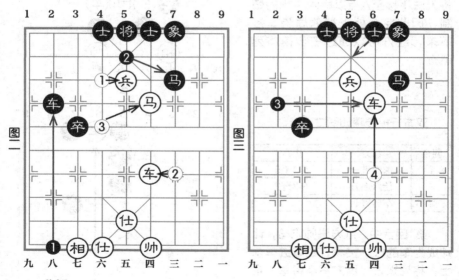

图二

图三

分析

第1回合中，红方平兵绊马腿，准备让马进攻；黑方退车防守。第2回合中，红方平车至四路，以帅为根，准备进车杀士将死黑方；黑方移开黑马，保护6路士，化解红方的攻势。第3回合中，红方进马，以卧槽马威胁黑方；黑方无奈以车兑马。第4回合中，红方吃掉黑车，暗藏进车杀士的杀招；黑方进士防守，稳定局势。

83

4.4 牵制

牵制是指通过运用己方的棋子，控制和限制对方一个或多个棋子的活动能力或活动范围，以便自己能够组织兵力对其围歼，甚至绝杀对方。

图解牵制战术

前文提到中炮可以牵制黑方士象，使士象丧失行动自由，导致黑方陷入被动局势。中炮牵制士象在对局中应用频率较高，下面我们进行详细讲解。

如图一所示，红方中炮牵制黑方中路上的士象，兵守住将门，黑将无法平移至A点以解除中炮的牵制，因此完全处于被动局势。接下来，红方可以通过三步棋将死黑方。

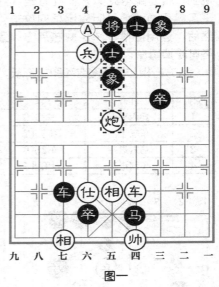

图一

双方行棋步骤如图二所示。

回合	红方	黑方
1	帅四进一	卒4平5
2	仕六退五	车3进2
3	车四进七	

第1回合中，红方进帅吃马，让帅成为车的根。接着，红方进车杀士，将死黑方。黑方平卒将军，企图拖延一步。第2~3回合中，红方先退仕消将，再进车将死黑方。

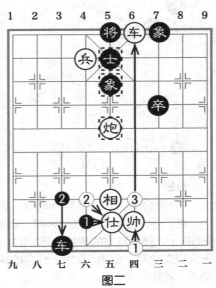

图二

运子牵子1

如图一所示，黑将下一步就能攻击红马，而红马能安全落子的交叉点只有A点。将红马移至A点是被动行棋。红方若想掌握主动权，需采取牵制战术，使黑将无法攻击红马。请注意观察棋盘上的红炮。当红炮移至B点后，红炮可以牵制黑将和黑马的活动，从而获得优势。具体的行棋步骤可以参照图二的指示。

回合	红方	黑方
1	炮五平六	炮2平1
2	马六进八	马4进2
3	马八退九	

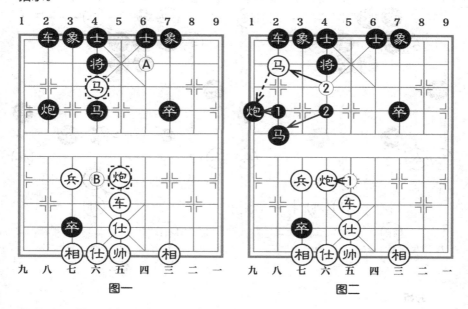

图一　　　　　　　图二

分析

第1回合中，红方平炮牵制黑将和黑马。如果黑将攻击红马，红炮可以吃掉黑将。如果黑马离开所在肋道，同理，红炮也能吃掉黑将。因此，黑方选择平炮，以避开红马的攻击。第2回合中，红方进马捉黑炮，同时红炮将军。黑方必须应将，只能走开黑马。这一步导致在第3回合中，红马能吃掉黑炮。

如图一所示，红车移动至A点捉黑马。此时，黑马可以选择移动至B点避开。而且，由于黑马受到黑车的保护，红车若攻击黑马，黑车则可以反吃红车。为了成功吃掉黑马，红方需要采取巧妙的牵制战术。具体的行棋步骤可以参照图二的指示。

回合	红方	黑方
1	兵四进一	将4进1
2	车八进五	卒6平7
3	炮一平七	车3平6
4	仕五进四	士5退6
5	车八平七	

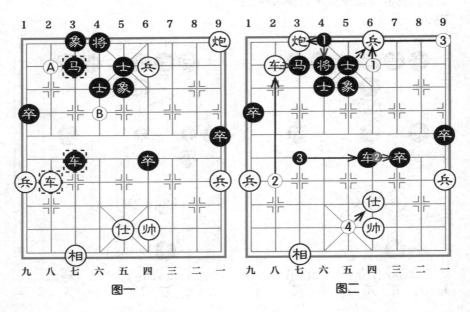

图一　　　　　　图二

分析

第1回合中，红方进兵成为一路红炮的炮架，一路红炮将军，黑将进1避开红炮的攻击。第2回合中，红方进车捉黑马，黑马被红车牵制，无法离开，黑马离开就是送将；黑方平6路卒，为3路黑车腾出位置。第3回合中，红方平炮吃黑象捉黑车；黑车与黑马同时受到攻击，黑方选择保黑车，平车将军。第4回合中，红方进仕，通过垫子来应将，黑方退士吃兵。第5回合中，红方平车吃黑马将军，黑方只能走将4退1来应将。

运子牵子3

如图一所示，黑方提议与红方兑车。然而，由于红方的强子（车、马、炮）原本就比黑方少，如果接受兑车会导致局势更加不利。在这种情况下，红方应该采取牵制战术，利用一车换取更多的棋子。具体的行棋步骤可参照图二和图三的指示。

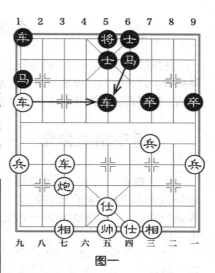

图一

回合	红方	黑方
1	炮七平五	将5平4
2	车七平六	士5进4
3	车九平五	马6进5
4	车六进四	马5退4
5	炮五平六	将4平5
6	车六进一	

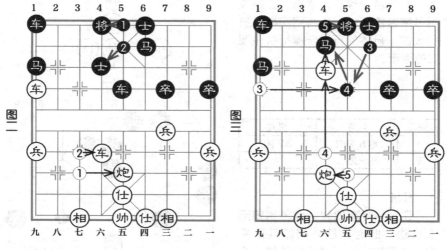

图二

图三

分析

第1回合中，红方平中炮牵制黑方中路上的车，黑方平将至4路，解除红方中炮的牵制。第2回合中，红方平车将军，黑方进士垫将。第3回合中，红方选择与黑方兑车。第4回合中，双方兑车之后，黑方4路士失去了黑马的保护，成为了无根子，红方进车杀士将军，黑方只能退马垫将。第5回合中，红方平炮至六路，暗藏着车六平九杀马捉车的杀棋，并且红炮威胁黑将，黑方迫于威胁提前平将至5路。第6回合中，红方进车吃黑马。

4.5 堵塞

在象棋对局中，一方利用自己的棋子塞住对方的相（象）眼、绊住对方的马腿等手段，限制其攻击和防守能力。或者通过舍弃己方棋子以造成对方棋子拥堵，使其无法对关键位置进行有效的攻击和防守。

◆ 运子堵塞象眼

在象棋中，运子阻塞象眼，破坏双象联系或象的攻守能力，再进行攻击是堵塞战术的一种常见手段。

如图一所示，选自1987年北京"金菱杯"赛，黑龙江王嘉良对广东吕钦实战对局。黑车位于象位上，红方若要攻击该黑车，必须先运子堵塞象眼，然后再组织棋子进行攻击。具体的行棋步骤可参照图二的指示。

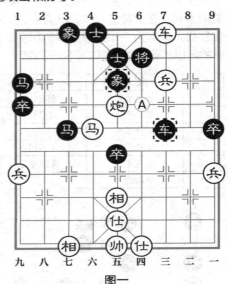

图一

回合	红方	黑方
1	炮五平四	车7退2
2	车三退二	

分析

红方平炮塞象眼，黑象当前无法移动。此时，红方暗藏兵三平四，红兵和红炮同时将军的棋，黑方只能进将吃兵，而黑将吃兵后，象阻碍了黑方将6平5的出路，当红方走车三平四将军时，黑方就会被将死。因此，黑方只能进车吃兵。

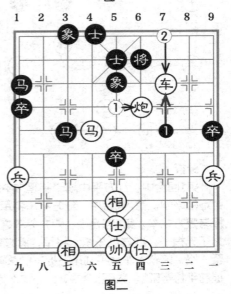

图二

88

运子绊马腿

运子绊马腿也是阻塞战术中常用的一种手段。如图一所示，红方平车至A点后，红车就成为了9路黑马的绊脚子，该马失去对B点防御，红方便可走炮二进三闷杀黑将，黑方为了解除杀棋，就会处于被动局势，红方则可以发起一系列的攻击。具体的行棋步骤可参照图二和图三的指示。

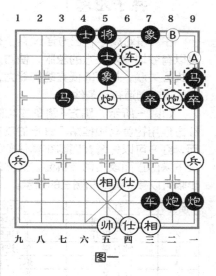

图一

回合	红方	黑方
1	车四平一	马9退7
2	炮二进三	象7进9
3	炮二退一	将5平6
4	车一进一	象5退7
5	车一平三	

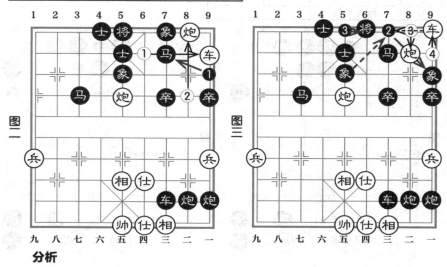

图二

图三

分析

第1回合中，红方平车至一路，意图是下一步进炮闷杀黑方。黑方走开9路黑马，为黑象腾出位置。第2回合中，红方进炮将军，黑方进象应将。第3回合中，红方退炮绊马腿，同时塞象眼，使黑马和黑象失去防御力。这样，当红方下一步进车将军时，它们都不能应将。因此，黑方只能提前把黑将移至6路。第4回合中，红方进车将军，黑方退象。但由于双象失去关联，红方下一步可以平车杀象，继续将军，黑方无法应将。

◆ 弃子阻塞1

在象棋对局中，己方通过弃子战术，可以有效地堵塞对方的象眼，使对方的双象失去关联，从而降低其防御能力，为己方的攻击创造有利条件。

如图一所示，黑方4路车成功防御了红方运用钓鱼马和挂角马进行的攻击。然而，红方可以先舍弃四路车塞住象眼，为接下来的正面攻击创造机会。具体的行棋步骤可以参照图二和图三的指示。

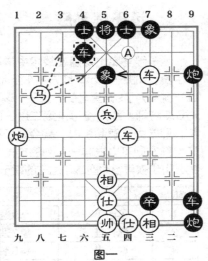

图一

回合	红方	黑方
1	车四进四	车4平6
2	车三平五	士4进5
3	帅五平六	车6进8
4	仕五退四	炮9退1
5	马八进六	将5平4
6	炮九平六	

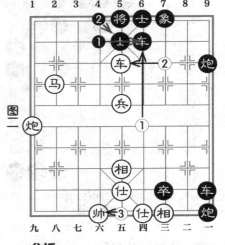

图二

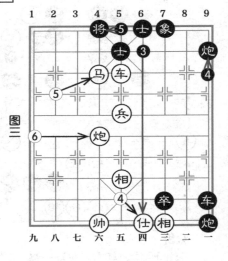

图三

分析

第1~2回合中，红方首先弃四路车以塞象眼，然后让三路车从正面发起攻击。第3回合中，红方将帅平移至六路，利用对面笑杀法限制黑将的活动，意图下一步走马八进七将死黑方。黑方只能进车杀仕将军，并准备黑炮退1至宫二线进行防守。第4回合中，红方退仕以应对黑方的将军，黑方随之退炮进行防御。第5~6回合中，红方运用挂角马杀法，成功将死黑方。

90

◆ 弃子阻塞2

在象棋对局中，己方会采用弃子战术，迫使对方不得不吃子，导致其将（帅）的出路被阻塞，最终被将死。

如图一所示，黑将可以移动至A、B两点，由黑马保护4路黑士，而7路黑象可以自由行动。因此，红方进车再进炮无法将死黑方。但如果红方运用弃子阻塞的战术，迫使黑方把某个棋子移动至A点，那么红方就可以平炮至C点，形成闷杀黑方的局势。具体的行棋步骤可参照图二的指示。

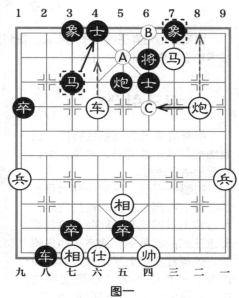

图一

回合	红方	黑方
1	车六进二	将6退1
2	车六平五	马3退5/士4进5
3	炮二平四	

分析

第1回合中，红方进车将军，迫使黑方只能退将。第2回合中，红方平车至黑方九宫中心点，控制黑将的行动，意图通过进车将军和进炮将军的组合攻击将死黑方。黑方对此的回应只能是退马或进士吃掉红车。然而，这样做会阻碍6路黑士的行动。当红方平炮至四路将军时，黑方无法走士6退5来应将，最终红方将死黑方。

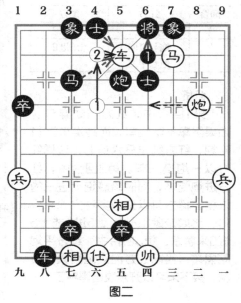

图二

91

4.6 引离

引离是指用弃子或兑子的手段，把对方某个棋子从重要位置上引开，这种战术也被称作"调虎离山术"。

◆ 弃子引离1

引离战术具有强制性特征，通常需要与攻击性的着法如将、杀、捉等相结合使用。

如图一所示，仔细观察七路上的红炮。在黑车离开当前位置后，红方炮七进四吃卒，同时暗藏着炮七进三的闷宫杀棋。黑方必须先解杀，这样红方炮七平二就能够吃掉黑车，并集中兵力从右翼发起攻击。具体的行棋步骤可以参照图二的指示。

回合	红方	黑方
1	车八进三	车3平2
2	炮七进四	士5进6
3	炮七平二	

分析

第1回合中，红方主动弃车。如果黑车不吃红车，而是走车3进1吃炮，红方则走马六退七，这样红方以一炮换一车。第2回合中，红方进炮吃卒，同时暗藏炮七进三的杀棋。黑方可以采取多种方式来应对，比如走象3进1、士5进4或士5进6来解杀。第3回合中，红方平炮吃黑车。当前红方的双炮聚集在右翼，接下来可以开始攻击黑将了。

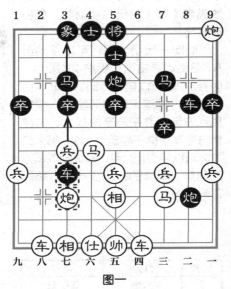

图一

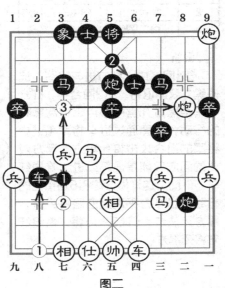

图二

弃子引离2

如图一所示，请注意观察黑方9路上的车。该车如果平移，可以阻止红方的兵四平五将军；如果前移至A点，则能够使用双车错杀法将死红方。在此情况下，为了化解这一杀棋，红方需要先弃一车，将黑车引离关键位置，然后再发起攻击。具体的行棋步骤可以参照图二和图三的指示。

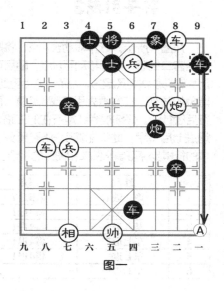

图一

回合	红方	黑方
1	车二平一	车9退1
2	兵四平五	将5平6
3	兵五进一	将6进1
4	车八进四	士4进5
5	车八平五	将6进1
6	兵三进一	

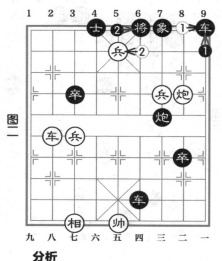

图二

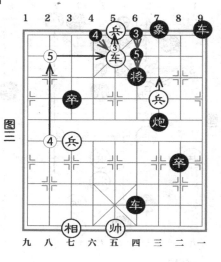

图三

分析

第1回合中，红方平车至一路，此举有两个目的，一是弃车引离黑方9路车，二是解杀，当黑车进8将军时，红方可进车消将。第2回合中，红方平兵杀士将军，由于红帅居中，黑将迫于"对面笑"的威胁，只能平6以避将。第3~5回合中，红方利用红帅居中的优势，持续用兵和车将军，迫使黑将来到宫顶线。第6回合中，红方进兵将军，黑方无法应将，输棋。

93

弃子引离3

如图一所示，红车移动至A点，将黑将逼至宫二线后，红马移动至B点，随后可采用高钓马杀法将死黑方。然而，A点受到5路黑象的防御，红方需先引开5路黑象，再进行后续行动。仔细观察红炮所在的三路，红炮进七后将军，此举能够引开5路黑象。具体的行棋步骤可参照图二和图三的指示。

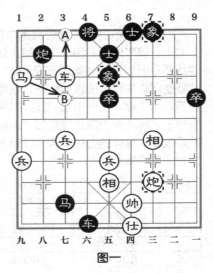

图一

回合	红方	黑方
1	炮三进七	象5退7
2	车七进二	将4进1
3	马九退七	将4进1
4	车七退二	将4进1
5	车七退一	将4退1
6	车七进一	

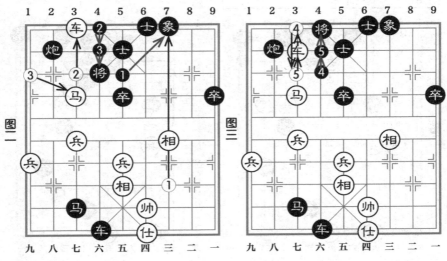

图二

图三

分析

第1回合中，红方进炮打底象并将军，黑方必须退中象以吃掉红炮。若黑方不退中象而走将4进1，红方则走马九进八，将死黑方。第2回合中，红方进车将军，成功将黑将逼至宫二线。第3回合中，红方将九路马退至七路将军，迫使黑将移至宫顶线。至此，红方已完成高钓马杀法的布局，之后只需持续用车将军，即可将死黑方。

94

弃子引离4

如图一所示，红帅被黑车限制了行动自由。此时，若3路黑炮移至宫顶线，将直接将死红方。面对此局势，红方应首先引开黑车，以解除杀棋威胁，然后才能发起有效攻击。仔细观察棋盘上的红棋，当红马来到A点将军时，黑方只能退车至B点垫将。随后，红方通过运用杀棋威胁黑方，有机会用一马换一炮。具体的行棋步骤可参照图二的指示。

回合	红方	黑方
1	马六进七	车4退7
2	车四进六	炮3平6
3	车四退七	车4平3

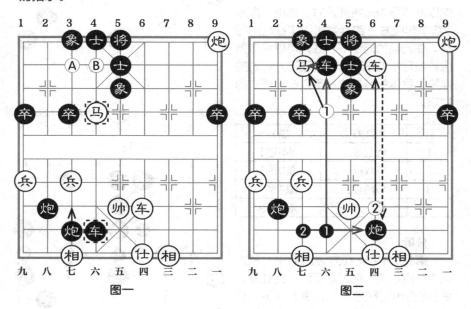

图一　　　　　　　　　　图二

分析

第1回合中，红方进马将军，由于红车控制了将门，黑方无法平将避开红马，只能选择退车以绊住红马。第2回合中，红方进车至黑方宫二线，意图下一步平帅至四路，再进车至底线闷杀黑方。请注意，红车必须移动到黑方宫二线上，防止黑方走士5进6隔断红帅的威胁。对此，黑方选择平炮至6路。这一步的目的有两个：一是与红方兑子，二是进行防御。当红方平帅时，黑方可以进炮吃掉红车。第3回合中，红方选择兑子，达成弃马引车解杀的目的。

4.7 顿挫

顿挫是象棋中常见且基础的一种运子战术。一方通过采取将、杀、捉等带有攻击性和强制性的着法，迫使对方不得不应对，从而实现己方的战术目标。这一战术通过精心设计的逼迫和节奏转移，使对方陷入困境，从而为我方的后续行动创造有利条件。

◆ 顿挫1

如图一所示，取自1986年全国赛河北陈其对湖北万跃明对局。双方对战进入中局，红方若将四路马跳至A点，能以卧槽马杀法将死黑方。然而，黑方9路车和红方三路兵都妨碍了红马的行动。在当前的局面下，红方可以采取持续攻击黑车的策略，以推动己方计划的实施。具体的行棋步骤可以参照图二的指示。

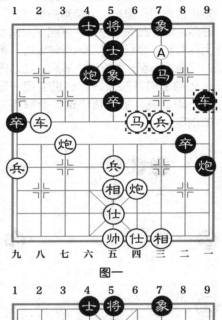

图一

回合	红方	黑方
1	炮七进二	卒5进1
2	车八进一	车9进1
3	马四进三	炮4平7
4	兵三进一	炮7平9

分析

第1回合中，红方进炮捉车，黑方进中卒拆炮架，使黑车反过来捉红炮。第2回合中，红方进车，意图在下一步进炮将军，抽吃黑车，黑方进车应对。第3回合中，红方与黑方兑马。第4回合中，红方进兵捉炮，黑方再次被动地平炮应对。

目前局势下红方主动，黑方被动，红方接下来可以走车八进二，暗含车八平六、炮七进三的闷宫杀。

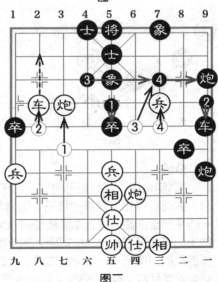

图二

顿挫2

如图一所示，取自古谱《适情雅趣》。黑方通过走卒4进1和卒4平3的连续着法，能够将死红方。面对当前局势，红方需要采取顿挫战术。首先，红方将二路车移至A点以叫杀，迫使黑方进行应对。黑方可能的应对措施包括将7路马移至B点进行防御，或将5路车移至C点进行将军，以拖延时间。红方通过将车移至A点这步棋，成功地争取到一步先手棋，最终扭转局势获得胜利。具体的行棋步骤可以参照图二和图三的指示。

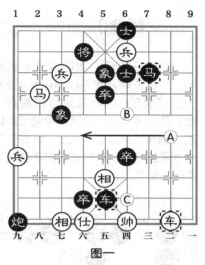

图一

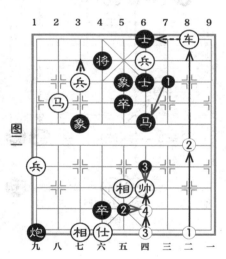

图二

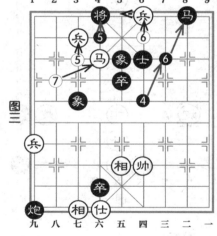

图三

分析

在第2回合之后，红方暗藏有兵七进一和车二平四的杀棋。到了第4回合，黑方选择退马进行防御。面对黑马的防御，红方决定弃车，并先后进兵进行攻击，再进马守住将门。最终形成了图三所示的局面。此时，红方只需下一步走兵四平五就能将死黑方。

回合	红方	黑方
1	车二进四	马7进6
2	车二进五	车5平6
3	帅四进一	卒6进1
4	帅四进一	马6退7
5	兵七进一	将4退1
6	兵四进一	马7退8
7	马八进六	

如图一所示，取自古谱《适情雅趣》。红方将八路炮移至A点，意图下一步移至B点以闷宫杀将死黑方。对此，黑方不得不将2路车平至C点以阻挡。当黑方平车至C点后，红方就可以继续实施攻击。具体的行棋步骤可以参照图二的指示。

回合	红方	黑方
1	炮八平七	车2平3
2	相五进七	车3平4
3	炮七平五	车4进8
4	仕五退六	车8进7
5	车五进一	

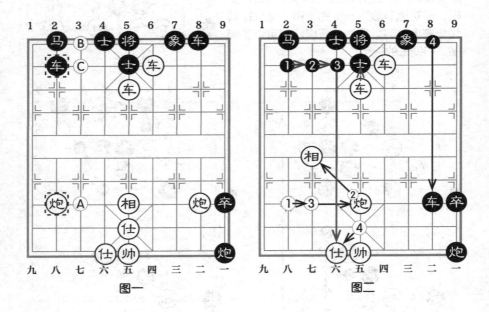

图一　　　　　　　　图二

分析

第1回合中，红方平炮叫杀，黑方平车进行阻挡。第2回合中，红方进相，形成炮捉车的局面；黑方平车以避开。第3回合中，红方平炮至中路，暗藏车五进一的杀棋。此时，黑方已无法应对，便进车杀仕将军，意图拖延一步。第4~5回合中，红方先退仕以应将，再进车将死黑方。

顿挫4

如图一所示，黑方利用4路炮成功地防守了红方五路马向A点的移动，从而解除了红方"卧槽马"对黑将构成的威胁。对此，红方需要运用叫将顿挫的战术，迫使黑方退士应对。这样一来，黑方的炮架被迫移除，为红方后续的攻击创造了有利的条件。具体的行棋步骤可以参照图二和图三的指示。

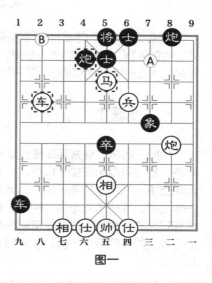

图一

回合	红方	黑方
1	车八进三	士5退4
2	炮二进四	士6进5
3	炮二平六	士5进6
4	炮六退三	车1退4
5	马五进七	将5平6

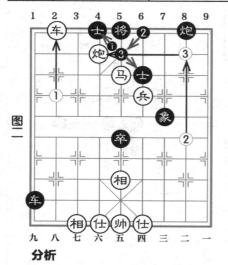

图二

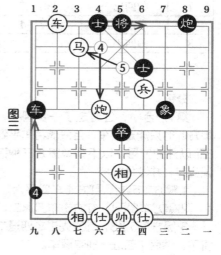

图三

分析

第1回合中，红方进车将军，迫使黑方退士应将。第2回合中，红方进炮，企图下一步走马五进三，以马后炮将死黑方，黑方进6路士为将腾出活动空间。第3回合中，红方平炮吃黑炮，并暗藏炮六退三，以马后炮威胁黑方，黑方再次进士，为将腾出活动空间。第4回合中，红方退炮，企图以马后炮将死黑方，黑方退车防守。第5回合中，红方跳卧槽马将军，黑方只能避将。

4.8 等着

在运子战术中，等着是常用的基本战术。它是指占据优势的一方走一步不带攻击性的闲棋，等待对方走一步棋，从而使局势自然地转向对对方不利的局面。这种战术在残局中较为常见，以下以两个棋局为例，对其运用做讲解分析。

◆ 等着1

如图一所示，红方平车或退车攻击黑将，黑方可以用车垫子应将。在当前的局势下，红方不应急于攻击，而应走一步闲棋，等待黑方走棋，使黑车无法再保护黑将。这时，红方便可组织有效的进攻。具体的行棋步骤可参考图二的指示。

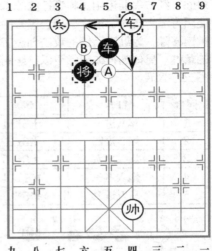

图一

回合	红方	黑方
1	帅四退一	车5平7
2	车四平五	车7平4
3	帅四平五	

分析

第1回合中，红方走了一步闲棋，黑方此时只能走黑车，且只能将车平到6路以外的位置。以下列举黑方三种错误应对，并做分析：

1.黑方车5进1，红方走车四平六；

2.黑方车5平4，红方走车四退二；

3.黑方车5平3，红方先走车四退二将军，然后车四进一抽吃黑车。

第2回合中，红方将车平到中路，这样就能将黑将限制在4路，并防止黑车回到中路。第3回合中，红方将帅移至中路，接下来只需用车在六路上将军，就能将死黑方。

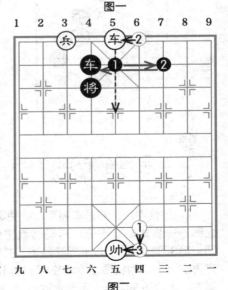

图二

100

等着2

如图一所示，红兵控制A点，红帅控制B点，当前黑方只有黑士可以活动。在当前的局势下，红方不应急于发动攻击，而应通过走闲棋来等待黑方走出不利的局面，然后再开始进攻。具体的行棋步骤可见图二和图三的指示。

回合	红方	黑方
1	帅六进一	士5退6
2	仕五进四	士6进5
3	帅六平五	将5平4
4	兵四平五	

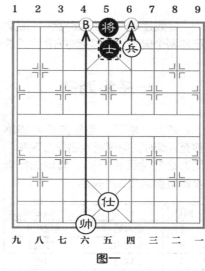

图一

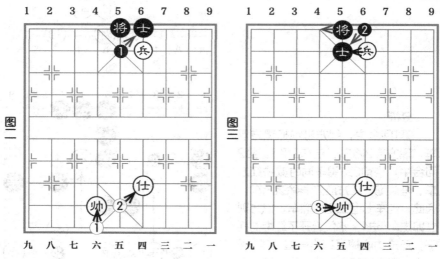

图二

图三

分析

第1回合中，红方走帅这一步为走闲着，黑方只能走动士。第2回合中，红方将仕走到四路，让黑方只能进士。注意，这一步，红方必须将仕移动至四路，如若移动至六路，黑方就可以平将至4路，这会导致红方无法实施后续的行动。第3回合中，红方平帅移至中路牵制黑士的行动，黑方只能平将。第4回合中，红方平兵杀黑士，从而困毙黑方。

4.9 捉双

捉双是指一个子同时捉对方的两个子，或者因为移动一个棋子，而出现自己的两个棋子，同时捉对方的两个棋子。

◆ 一子捉两子

如图一所示，当红方把六路炮移至A点时，便同时攻击黑方双车，黑方必然会丢失一车。具体的行棋步骤可参见图二的指示。

回合	红方	黑方
1	炮六进一	车2平3
2	车七退三	车7进1
3	车四进六	马3进4

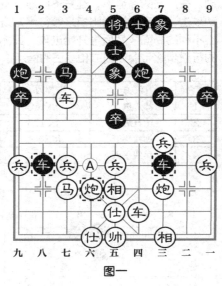

图一

分析

第1回合中，红方进炮抓黑方双车，黑方弃2路车，走车2平3。第2回合中，当前3路黑车同时威胁红方车、马、炮，红方应先消除该黑车，因此，走车七退三吃掉黑车。黑方则立即走车4进1，不仅避开了红炮的捉子，还成功吃掉了红方一炮。第3回合中，红方进四路车吃黑炮，黑方进马，让1路炮捉红车。

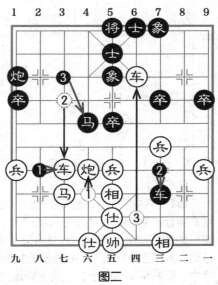

图二

两子捉两子

如图一所示,红方先走炮六进三,迫使黑方进炮打仕;红方再走炮六进一,形成红仕捉黑炮,红炮捉黑马的局面。具体的行棋步骤可参见图二和图三的指示。

回合	红方	黑方
1	炮六进三	炮5进4
2	炮六进一	车7平4
3	炮六平九	

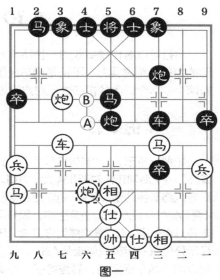

图一

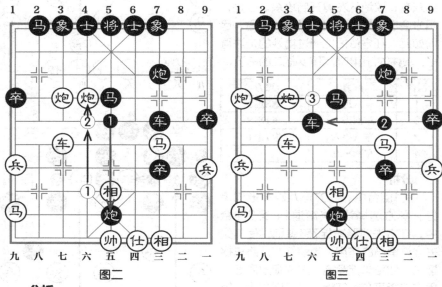

图二　　　　　　　　图三

分析

第1回合中,红方进炮捉黑车,黑车无法避开红方的炮,只能通过拆炮架的方式来应对。当黑炮进1或进2时,红车和红马可以攻击黑炮,黑方被迫进炮打仕。第2回合中,红方继续进炮,形成炮捉黑马,仕捉黑炮的捉双局面;黑方平车捉炮,邀请红方以马兑炮。第3回合中,红方用被捉的红炮吃边卒,维持捉双的局面。

103

4.10 串打

串打可以看作是捉双的一种特殊形式，尤其适用于车和炮这两种有直线活动能力的长距离兵力。不论是用车还是用炮进行串打，由于被串打的一方同时有两个或两个以上的棋子处于对方的攻击范围内，通常很难避免失去棋子。

◆ 车的串打

如图一所示，选自1988年太原"天龙杯"赛上海邬正伟对湖北柳大华对局。红方八路车移动至A点后，黑方3路炮和4路马便处于红车的攻击范围内，黑方可走开其中一子，让7路炮成为守卫者。黑马所处位置决定其只能走马4进5，红方可以用四路车捉黑马，最终得子，并集结双车、双炮从左翼开启攻杀。但是，黑方会选择走动黑炮，以保护黑马。尽管如此，红方依旧能通过精妙的走法得子。具体的行棋步骤可参见图二的指示。

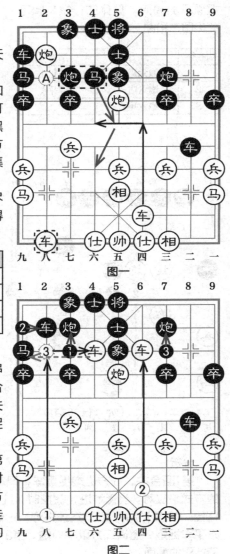

图一

图二

回合	红方	黑方
1	车八进七	炮3退1
2	车四进六	车1平2
3	车八平六	炮7退1
4	车六平九	

分析

第1回合中，红方进八路车形成串打，黑方选择让3路炮退1。第2回合中，红方进四路车捉7路黑炮，使其失去守护黑马的作用，当前红方八路车捉黑马，四路车捉黑炮，形成捉双局面。黑方选择平车吃红炮，以挽回损失。第3回合中，红方平车吃黑方肋马，同时捉黑方边马，当前红方依旧捉双，黑方选择让7路炮退1。第4回合中，红方走车六平九吃黑方边马。经过4个回合的战斗，红方以一炮换得黑方双马。

炮的串打

如图一所示，当红方将炮移至九路三个黑点处时，以黑卒为炮架，红方便可同时攻击黑马和黑炮，黑方必然要失去棋子。具体的行棋步骤可参见图二和图三的指示。

回合	红方	黑方
1	炮六进六	马7退9
2	炮六平九	马1退3
3	相五进七	炮1退8
4	马七进九	

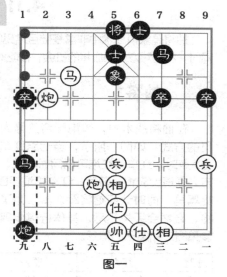

图一

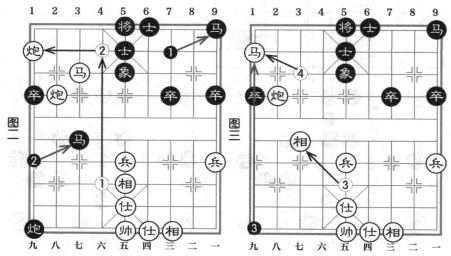

图二

图三

分析

第1回合中，红方进炮捉黑马，黑方退马至9路。如果黑方走马7进6，则红方走马七退五，形成八路红炮捉黑马的局面。第2回合中，红方平六路炮至九路，同时捉黑马和黑炮，且该红炮受七路红马保护。黑方退9路马捉八路红炮，形成一马一炮兑一炮的局面。第3回合中，红方进相吃黑马，黑方进炮吃红炮。第4回合中，红方进马吃黑炮。

4.11 抽将

抽将是象棋战术中非常基础且常见的一种。具体来说，它是指一方在将军的同时，利用对方必须应将的机会，抽吃对方的棋子，从而歼灭对手的有生力量。

◆ 抽将1

在抽将战术中，车炮配合是最为常见的方式。如图一所示，当七路红车移至A点时，红车和红炮可以同时将军，黑方必须退士应将。随后，红车再退至B点捉黑马，同时让红炮将军。黑方为了应将，必然会丢失黑马。具体行棋步骤可参见图二和图三的指示。

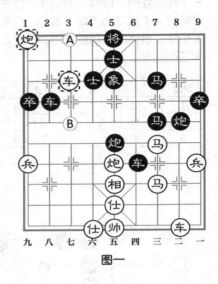

图一

回合	红方	黑方
1	车七进二	士5退4
2	车七退四	士4进5
3	炮五进四	士5退6
4	车七平三	

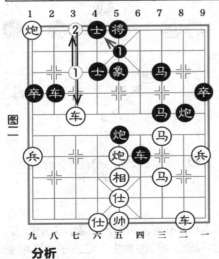

图二

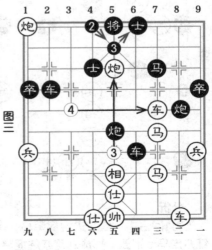

图三

分析

第3回合中，由于黑马受到黑象的保护，红车不能直接吃掉黑马。因此，红方选择先进炮吃掉黑象，同时将军，迫使黑方应将。第4回合中，利用黑方必须应将的机会，红方平车吃掉黑马。

106

◆ 抽将2

如图一所示，当前红方应通过弃车兑换掉黑方的一象一马，以形成车马抽将的绝杀局势。具体行棋步骤可参见图二和图三的指示。

回合	红方	黑方
1	车七进九	马4退3
2	车八平七	将4进1
3	马九退八	将4进1
4	车七退二	将4退1
5	车七平一	将4退1
6	车一进二	

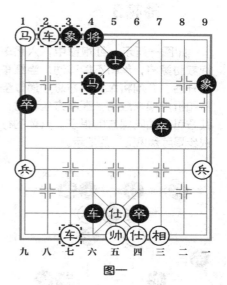

图一

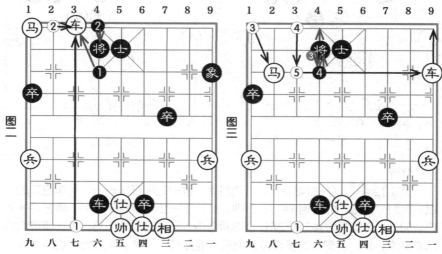

图二

图三

分析

第1~2回合中，红方以一车换黑方一象一马。第3回合中，红方退马将军，黑方进将避开。第4回合中，红方退车将军，黑方退将，露出9路黑象。第5回合中，红车抽吃黑象，红马将军，黑方只能再次退将。第6回合中，红方进一路车将军，黑方当前只能退士，但仍然无法阻挡红方的攻势。因为黑士是无根子，红车可以吃掉黑士后继续将军，从而将死黑方。

107

如图一所示，红炮镇中，六路车炮威胁黑将，黑将不能移动。当红车离开后，红炮将军，黑方必须通过垫将和拆炮架来应将。在黑方应将时，红方可以抽吃黑方的棋子。具体的行棋步骤可参见图二的指示。

回合	红方	黑方
1	车六平四	炮4平2
2	后车平六	炮2平4
3	车四退四	车四退四

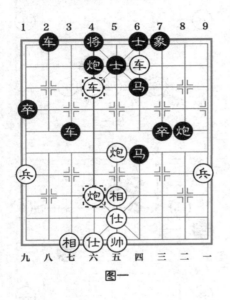

图一

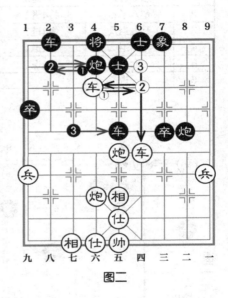

图二

分析

第1回合中，红车抽吃黑马，红炮将军，同时暗藏前车进一，后车进二的杀棋；此时，黑方不能走炮4平6，否则，红方下一步走后车平六后，黑方将被将死。因此，黑炮只好移动至2路。第3回合中，红方退车吃黑马，下一步进六路车吃黑炮将军，而黑方迫于红方重炮杀不能进车杀红车。黑方为了破解杀局，选择平车至中路，为黑将平5做准备。接下来，红方进六路车吃黑炮，黑将避至中路。

4.12 闪击

闪击战术是象棋实战中较为常见的战术之一。一般是交战双方几个关键棋子纠缠在一起时，其中一方突然闪开某个棋子，给其他棋子创造突然袭击的机会。

◆ 闪击1

在闪击战术中，闪开的棋子通常同时起到捉、献、拦等作用。如图一所示，红方将二路炮移至A点，意在捉黑马，并暗藏一步进炮打象的闷宫杀棋。通过闪开红炮，红方可以借助杀棋威胁黑方，最终以一车兑换黑方一马一车。具体的行棋步骤可参见图二的指示。

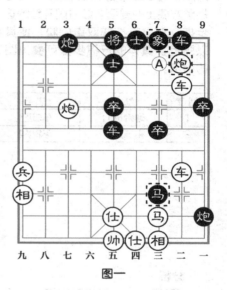

回合	红方	黑方
1	炮二平三	车8进2
2	炮三退六	车8平7
3	炮三进五	

图一

分析

第1回合中，红方运用闪击战术，将红炮移开，邀请黑方兑车。同时，闪开的红炮正好捉吃黑马，并暗藏闷宫杀棋。第2回合中，红方退炮吃掉黑马，接下来可以走炮三进七以闷宫的杀棋将死黑方。黑方迫于杀棋威胁，必须先解杀，但这样一来必然会丢失8路上的黑车。因此，黑方选择献上黑车，以拦截红炮的闷宫杀棋。

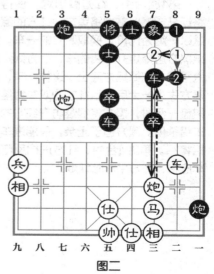

图二

◆ 闪击2

如图一所示，红方将六路炮移至A点，主动献上红炮；由于红炮的闪开，形成了七路红马捉中路黑车，以及红炮捉黑方底士的局面。红方闪开红炮这一步棋，对黑方构成双重威胁，使其难以防范。具体的行棋步骤可参见图二的指示。

回合	红方	黑方
1	炮六进七	车5进1
2	相三进五	车2平4

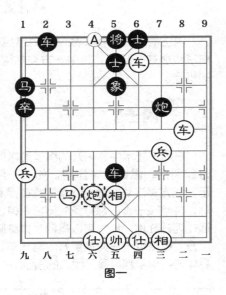

图一

分析

第1回合中，红方献出炮，使得七路红马能够捉拿中路黑车。红方的意图是以一炮为代价，换取黑方的一车。如果黑方选择走开中路的车，红方则走炮六平四，吃掉黑方底士。这样一来，当黑方失去一士后，且红方的双车集结在棋盘一侧时，黑方将很难防守红方的双车错杀棋。黑方迫于无奈，只能进车吃相将军。第2回合中，红方进相反吃黑车应将，黑方平车吃红炮。

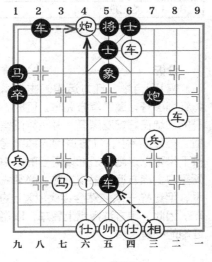

图二

110

◆ 闪击3

如图一所示，红方一路的炮已经瞄准了黑方的边马，但这个边马受到了黑方中炮的保护。此时，观察黑方中炮的炮架，发现它是红方的马。当红方前马进四后，黑方中炮便会失去炮架，从而无法继续保护黑马。红方通过走开红马这一步棋，可以用一马换黑方一士一炮一马。具体的行棋步骤可参见图二的指示。

回合	红方	黑方
1	马三进一	卒5进1
2	炮一进五	卒5进1
3	仕四进五	车2平9
4	炮一平二	卒5平4
5	相七进五	

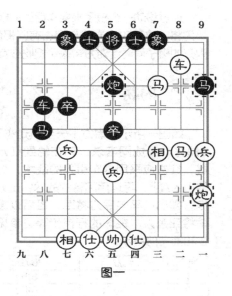

图一

分析

第1回合中，红方闪开三路马杀黑方6路士，使黑方中炮失去炮架，无法保护黑马。黑方被迫进马，使红炮失去攻击目标，同时绊住马腿。注意，若黑方走将5平6，红方则进炮吃黑马，使车炮集结，之后红方炮车集结依次将军，再运二路马过河，黑方则难以应付。第2回合中，红方退马吃黑炮，并暗藏马五进七的杀棋，黑方只能进象吃马。第3回合中，红方退车吃黑马，当前红方以一马换取黑方一士一炮一马。

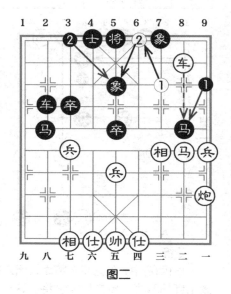

图二

4.13 闪将

通过移动一个棋子来暴露后面的棋子，让后面的棋子形成将军的局面，这就是闪将。这种攻击方式与闪击有些相似，但不同的是对方必须立即应将。如果闪开的棋子同时给对方带来了捉吃或其他威胁，那么这种闪将就变成了抽将。

◆ 闪将1

如图一所示，黑方下一步棋走车7退9抽将，形成闷宫杀。现在轮到红方走棋，红方应采用弃车引入的战术，把黑将引入A点，再运用闪将的战术，走开红炮，露出红马向黑方将军，最后以重炮杀将死黑方。具体的行棋步骤可参见图二和图三的指示。

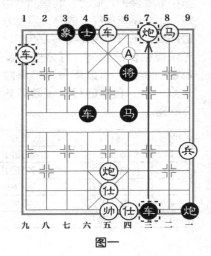

图一

回合	红方	黑方
1	车九平四	将6退1
2	炮三退六	将6进1
3	炮三平四	马6进4
4	炮五平四	

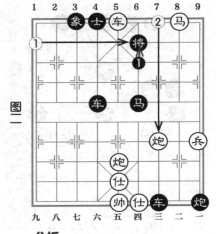

图二

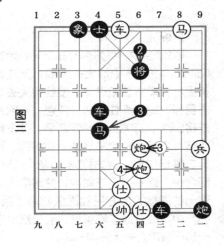

图三

分析

第1回合中，红方平车将军，黑方只能退将应对。第2回合中，红方退炮，露出红马叫将，黑方只能进将。这一步，如果红炮退四捉黑车，就变成了抽将。不过红炮退六则暗藏重炮杀，遵循杀棋优先原则，所以红炮应退六。

闪将2

如图一所示，当前局势下，黑方暗藏双车错杀棋，黑方下一步走车9进4移动至A点，红方只能走相五退三垫将，黑方平车吃相，红方就被将死。现在轮到红方走棋，红方应采用闪将的战术扭转败局。具体的行棋步骤可参见图二的指示。

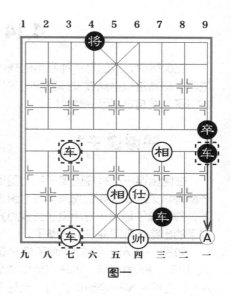

图一

回合	红方	黑方
1	前车平六	将4平5
2	车七平五	车9进4
3	相五退三	将5平6
4	车六平四	

分析

第1回合中，红方平前车至六路将军，黑将避至5路应对。第2回合中，红方平七路车至五路，形成了闪将的布局。第3回合中，红方退中相以应对黑车将军，同时露出后面的红车形成将军局面。第4回合中，红方平六路车至四路将军，利用双车错杀棋将死黑方。

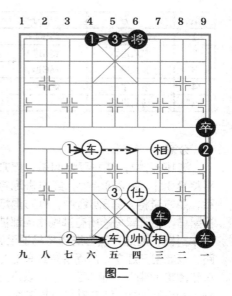

图二

113

4.14 围困

在象棋中，围困是一种常用的战术，其目的是将对手的棋子限制在某个区域内，使其难以移动或发挥其应有的作用。这一战术通常用于实现诸如谋取对方棋子、发起攻击等战略目标。

◆ 围困谋子1

在围困谋子中有压困谋子和封困谋子两种常见形式。我们先来学习封困谋子，封困谋子是指一方用棋子封锁对方棋子的出路，再用捉子方法谋子。

如图一所示，红车封锁了黑马退7、退8、进8的出路，黑马只能移动至A点，当红炮离开当前位置后，黑马便被红车封锁了所有出路。具体的行棋步骤可参见图二的指示。

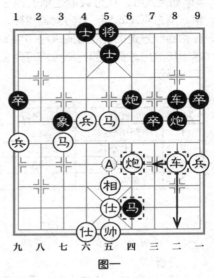

图一

回合	红方	黑方
1	炮四平八	将5平6
2	炮八进六	将6进1
3	炮八退八	马6退7
4	车二平三	炮8平5
5	马七进五	

分析

第1回合中，红方平炮叫杀，黑方平将至6路。第2回合中，红方进炮将军，黑方避将。第3回合中，红方退炮捉黑马，由于黑马的所有逃脱路径都被红车封锁，因此，黑方选择将马退至7路，以此引开红车，从而解除红车对黑车和黑炮的牵制。第4回合中，双方兑马。第5回合中，红方进马吃掉黑炮。通过封锁黑马的逃脱路径，红方成功地用一马换取了黑方的一马一炮。

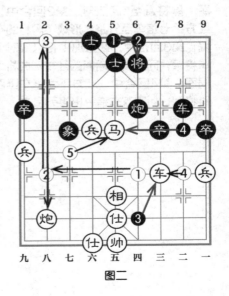

图二

围困谋子2

压困谋子是指一方用棋子阻塞对方棋子的出路，再用捉子方法谋子。如图一所示，如红方移动一个棋子至A点，阻塞黑马的出路，红方便可以借卧槽马的杀棋谋吃黑棋。具体的行棋步骤可参见图二和图三的指示。

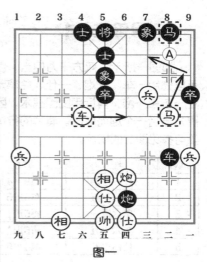

图一

回合	红方	黑方
1	炮四进六	炮6平7
2	炮四平二	车8平1
3	兵三平四	车1平6
4	马二进一	车6平7
5	马一进二	

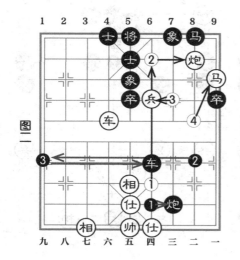

图二

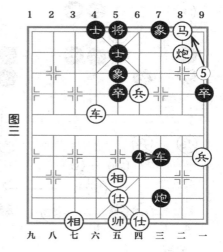

图三

分析

第1~2回合中，红方先用炮阻塞黑马，黑方平炮防守红方跳卧槽马。第3回合中，红方平兵至肋道，拆除黑炮炮架；黑方则平车捉红兵。第4回合中，红方进边马捉黑马，且可以跳卧槽马攻击黑将，黑方平车防守。第5回合中，红方进马吃黑马，接下来，红方可平四路兵吃中卒。

115

◆ 围困攻杀1

如图一所示，双方子力相当，红方可以先用一车、一炮、一仕，兑掉黑方的一车和一炮；再运用围困战术，困住黑方最后一个炮而取胜。具体的行棋步骤可参见图二的指示。

回合	红方	黑方
1	仕五进四	炮9平4
2	炮一平五	车5进6
3	车六进一	将5进1
4	车六平五	将5退1
5	仕四退五	炮4平5

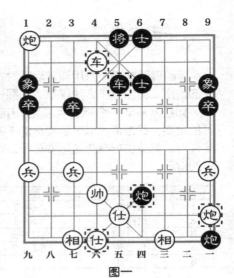

图一

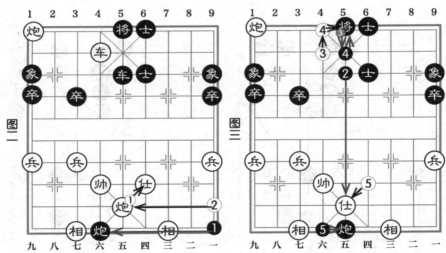

图二

图三

分析

第2回合中，红方中炮将军，黑方只能选择进车吃炮。如果黑方选择士6进5或士6退5，红方车六进一将死黑方。如果黑方选择车5平2，红方相七进五，接下来的演变将是：车2平5、车六平八、象1进3、车八退八。之后，黑方将不可避免地失去炮和车，红方胜局已定。第3~4回合中，红方先后运车将军，迫使黑方只能移动将，无法动车和炮。第5回合中，红方退仕吃黑车，同时捉黑炮，黑方只能平炮至中路。目前局势下，黑炮无法移动，黑卒无法安全过河，黑方缺少攻击型棋子。而红方可以利用红炮发动攻击。因此，红方胜局已定。

116

◆ 围困攻杀2

如图一所示，黑车下一步移动至A点就能将死红方，当前帅无法自救，如走开中相，黑方可以进士露将，红方依旧无法应对。当前局势下，红方应弃炮和车，然后用兵、马、双相困住黑车和黑马；再让七路后兵过河，与四路兵相互配合，将死黑方。具体的行棋步骤可参见图二的指示。

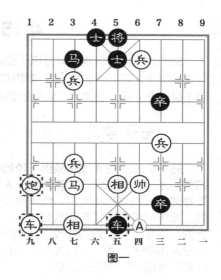

图一

回合	红方	黑方
1	炮九进七	马3退1
2	相七进九	车5平1
3	相五退七	士5退6
4	后兵进一	

分析

第1回合中，红方进炮将军，黑方只能退马吃炮。第2回合中，红方进边相，显露出红车，迫使黑方平车吃掉红车。第3回合中，红方退中相至七路，与边相联结。此时，红马守住了黑车的逃脱路径，双相联结使得黑车无法通过吃相来离开当前位置。同时，七路上的过河兵封锁了黑马的逃脱路径，使其无法移动。这样，黑方有战斗力的车和马都被困住，其他棋子对红方不构成威胁。接下来，红方让后兵过河，与四路兵配合布下杀局即可。

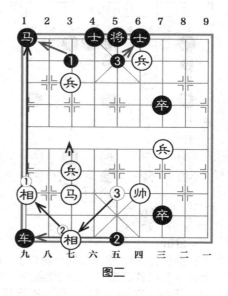

图二

117

4.15 兑子

兑子战术是执棋双方进行棋子交换的一种战术，是棋手们常用的策略。通过交换棋子，可以抢占先机、获取优势、制造杀机或保护自己的棋子。但兑子可不是随便交换，而是为了全局的胜利或者达到最佳的防守位置。

◆ 兑子争先

兑子争先是指通过兑换棋子争抢先手。如图一所示，选自1991年全国个人赛上海万春林对云南郑兴年对局。红车捉黑马和黑炮，黑车同时攻击红方双炮和一马，即红车捉双，黑车串打，双方对攻。当前局势下红方应采用兑子战术，争抢先手。具体的行棋步骤可参见图二和图三的指示。

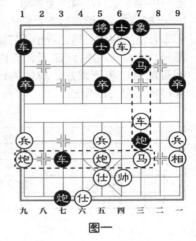

图一

回合	红方	黑方
1	车三进三	车3平5
2	车三平七	车1退1
3	车四退六	车5平6
4	仕五进四	炮3退3

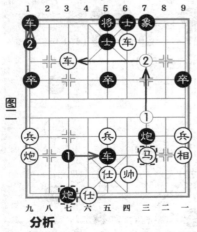

图二

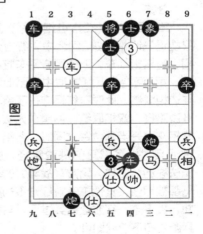

图三

分析

第1回合中，双方完成一轮兑子，红方以炮兑马。第2回合中，红方平车至七路，看似邀请兑子，实则暗藏抽将的策略。红方车七进二将军，迫使黑方退士。随后红方平四路车，吃掉黑方1路车。这回合中黑方只能退车。第3回合中，红方如果以马兑炮，会形成双车一炮对双车一炮的局面，之前的优势将消失。因此，红方选择退车邀请黑方兑车，形成车马炮对车双炮的局面。从兵种配置上看，红方的车马炮优于黑方的车双炮，所以红方仍然保持优势。

118

兑子取势

兑子取势是象棋中的一种策略，通过交换棋子来重新安排兵力，使棋局有利于己方的攻击。如图一所示，红车捉黑马，但是，黑方就可以走马7进6，下一步运用抽将战术抽吃红炮。为了化解这一威胁并占据优势，红方应该采用兑子战术，通过兑子来重新调整兵力部署。具体的行棋步骤可以参见图二和图三的指示。

回合	红方	黑方
1	前炮进五	象3退5
2	车四平三	马7进6
3	车三平五	士4进5
4	马七进五	车8退4

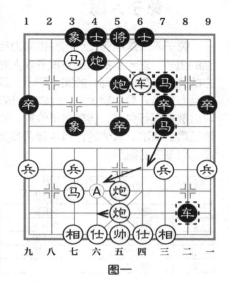

图一

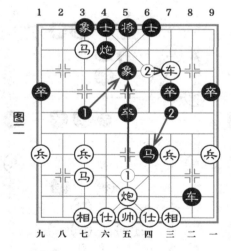

图二

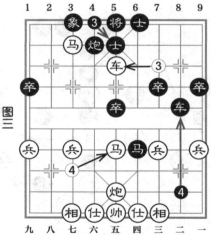

图三

分析

第1回合中，红方邀兑中炮，黑方应邀。此后，若黑方走马7进6，红方则以马七进五绊马腿化解黑方的攻势。第2回合中，红方平车吃黑马，暗藏车三平五吃中象将军的杀棋，并串打黑方7路卒和马。面对红车的威胁，黑方选择进马。第3回合中，红方平车吃象并将军，黑方进士应对。第4回合中，黑方下一步马6进4便形成抽将吃炮的局势，红方进马绊住黑马马腿，而黑方退车保护中卒。

◆ 兑子入局

兑子入局是指通过互相交换实力相当的棋子，进一步推动己方棋子攻入对方的阵地，形成杀局。如图一所示，双方兵力相当，且都缺少车，此时，红方可以选择强行兑炮，调整棋子位置，构建马后炮杀法。具体的行棋步骤可参考图二和图三的指示。

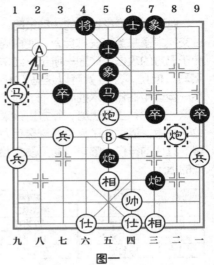

图一

回合	红方	黑方
1	马九进八	将4进1
2	炮二平五	炮5退2
3	炮五进二	炮5平6
4	马八退七	将4退1
5	马七进八	将4进1
6	炮五平九	

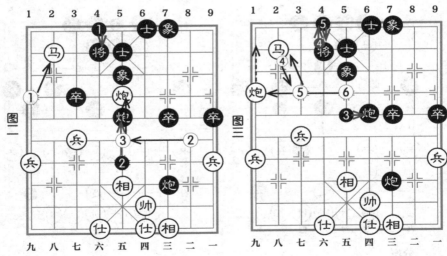

图二　　　　　　　图三

分析

第1回合中，红方进马将军，黑方避将。若黑方走将4平5，红方炮二平五，双炮同时捉黑马和黑炮，并暗藏马八退六、炮五平六的杀棋。第2回合中，红方平炮邀兑，黑方接受。第3回合中，红方进炮吃黑马，完成炮兑马，同时构建马后炮杀局。若黑方发现红方布局，可走炮5平3破解；若未发现，可走炮5平6避免被抽将吃炮。此时，红方可运用马后炮杀法将死黑方。

120

兑子解杀

兑子解杀是指通过交换棋子，化解对方的杀势，使局势变得对自己有利。如图一所示，黑方双炮牵制红方双仕，双车控制宫二线，并且肋车控制将门，已形成杀势。面对此局势，红方应采用抽将战术调整双车位置，再通过兑子战术解除杀局。具体的行棋步骤可参考图二和图三的指示。

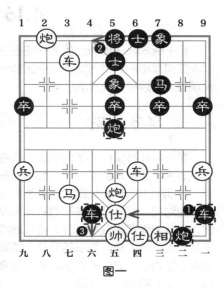

图一

回合	红方	黑方
1	车七进一	士5退4
2	车七退六	士4进5
3	车四平二	车4平2
4	车二退三	车2退8
5	车七平五	车2平3
6	炮五进三	卒5进1

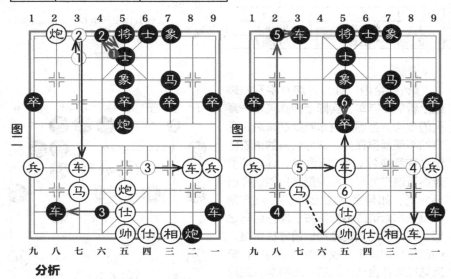

图二　　　　　图三

分析

第1~2回合中，红方通过抽将战术调整七路车的站位，使双车联结。红方拥有先行优势，可以选择走车四平六邀兑车，或车四平二邀兑炮，以解除黑方的杀势。第3~4回合中，红方平车邀兑炮，黑方接受。第5~6回合中，红方再次邀兑炮，同时暗藏一步车二进七的棋，意在围困黑马。黑方被迫应兑。经过两次兑子，红方成功解除黑方的杀棋威胁。

4.16 弃子

弃子战术是一种通过放弃一些棋子来获取更大优势的战术。通过弃子，可以改变棋局中的力量对比，创造出有利的局面，例如抢占先手、增强攻势、形成杀势或制造特殊的对抗形势。

◆ 弃子争先

弃子争先是指以弃子为手段，争夺行棋的先手和进攻的主动权。如图一所示，选自1980年北京藏如意对香港李旭英的对局。红方八路车和炮被黑车牵制，六路车受黑炮威胁，红方应采取弃子战术，先弃一车，再扭转局势，争抢进攻的主动权。具体的行棋步骤可参考图二、图三和图四的指示。

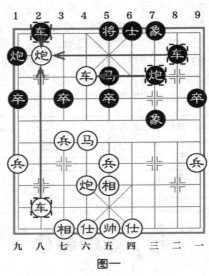

图一

回合	红方	黑方
1	炮八平五	车2进8
2	炮五退二	马5退7

分析

第1回合中，红方走炮八平五，表面上看似是弃车，实际上却隐藏着一系列的攻势。当黑方进车吃掉红车后，黑方的将便暴露在外，这为红方的进攻创造了有利条件。第2回合中，红方接着走炮五退二将军，此时黑方只能选择退马应对。如果黑方走士6进5，红方则可以走车六进二将死黑方。黑方退马之后，红方的空头炮稳稳地镇守在中路，而肋车也迎来了进攻的时机。同时，巡河马在等待合适的时机，随时准备过河与中炮配合发起攻击。

在第1回合红方选择弃车的时候，黑方更明智的应对应该是走车2平3，这样可以镇守自己的右翼，而不是进攻吃掉红车。

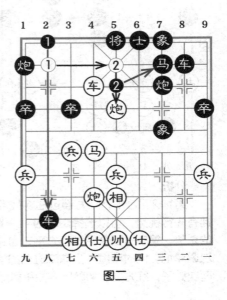

图二

回合	红方	黑方
3	车六进二	将5进1
4	车六退一	将5进1
5	炮五退二	车2退4
6	马六进五	车2平5
7	马五进三	将5平6
8	车六平九	

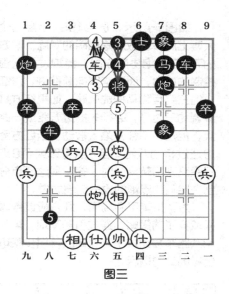

图三

分析

第3~4回合中，红方巧妙地运用车进行将军，形成了车串打黑炮、黑马、黑车的有利局面，并将黑将逼至宫顶线。若在第4回合中黑将选择退回底线，红车将不仅串打黑方三个棋子，同时还将封锁黑将的逃路。第5回合中，红方退中炮至巡河线，使红兵成为其保护子，为接下来的进马做准备，意图形成马后炮将军。面对马后炮和肋车的双重威胁，黑方无奈只能退车以应对马后炮的攻势。第6回合中，红方果断进马至中路，与中炮配合形成马后炮攻击黑将，黑方则平车至中路作为垫子以应对。第7回合中，红方利用抽将的机会吃掉黑炮。第8回合中，红方平车再吃一炮。此时的红方暗藏马后炮的杀招，例如可先走炮五平四，架起空头炮，再走马三退四形成绝杀。面对如此攻势，黑方为了解围将不得不继续失子，最终难免落败。

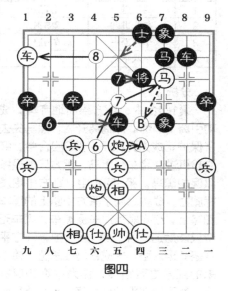

图四

◆ 弃子取势

弃子取势是指通过放弃一些棋子来获得更好的机会，然后调动其他棋子来制造更有利的攻击形势。

如图一所示，选自1991年全国个人赛上海林宏敏对陈启明的对局。黑方的7路卒和炮协同作战。黑炮发挥远程控制的威力，而黑卒则向前推进，对红方的三路兵和马构成威胁。如果红方打算调动三路马，必须先挺进五路或一路兵，但这会使红方陷入被动。当红方考虑通过移动八路车至A点将军或至B点捉黑马来扭转局势时，却发现这两点分别在黑马和黑炮的攻击范围之内。

为了扭转不利局面，红方应该考虑采取弃子的策略，通过引离黑炮，再利用八路车发动攻击。具体的行棋步骤可参考图二的指示。

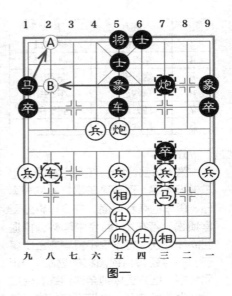

图一

回合	红方	黑方
1	兵三进一	炮7进5
2	车八进四	象5退3
3	车八退一	车5退1
4	车八平六	

分析

第1回合中，红方果断地弃马，成功引离了黑炮。黑炮离开后，黑马失去了保护，成为无根子。第2回合中，红方趁机进八路车捉黑马，黑方只能退象以保护黑马。第3回合中，红方中炮发挥威力，成功牵制了黑方中路上的黑车和黑士。红方顺势退车捉黑车，黑车无奈只能后退避开。第4回合中，红方平八路车至六路，形成铁门栓杀势。接下来的红方进五路兵，作为中炮的保护子。然后依次平帅至六路，平六路兵至七路，最后进六路车将死黑方。

在面对如此猛烈的攻势时，黑方将不得不陷入被动防守的境地。让我们继续深入观察棋局的发展。

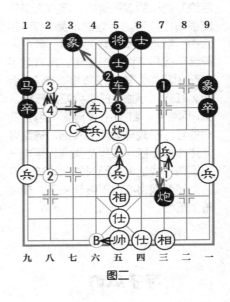

图二

124

回合	红方	黑方
4		炮7平8
5	兵五进一	炮8退2
6	兵三进一	马1退3
7	车六平二	炮8平6
8	兵三平四	马3退1
9	车二平九	马1进2

分析

第4回合中，黑方平炮至8路，以保持回防线路的畅通。红方在第5回合中进中兵，作为中炮的保护子。黑方则退炮反击中兵。红方在第6回合中进三路兵，有效地拆除了黑炮的炮架，迫使黑方退马捉红车。第7回合中，红方平车捉黑炮，进一步阻断其回防路线，迫使黑炮避至6路。第8回合中，红方平三路兵至四路，再次有效地阻断黑炮的回防路线。此时，黑方的马和象都处于无根状态，红车从黑方3路进攻，可以轻易将死黑方。目前局势下，黑方无法发起有效攻击，只能被动防守；而红方则展现出积极主动的攻势。

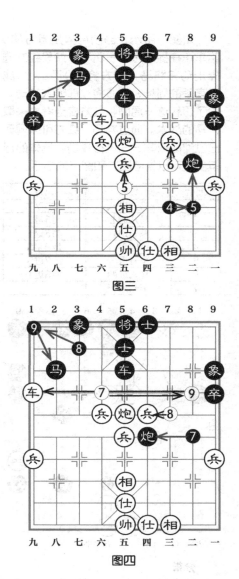

图三

图四

弃子入局

弃子入局是指棋手故意放弃一些棋子，用来调动其他棋子，制造出猛烈的攻杀机会，最终达到将死对方或形成明显优势的目的。

如图一所示，当前局势是黑方的5路车正在捉红方的三路马。如果红方选择走动三路马，黑方将炮9平2，形成闷宫杀的局势，红方将立即陷入被动。为了扭转这一局面，红方应当考虑采取弃马的战术。通过弃马，红方可以调动已过河的双车一马进行攻击。具体的行棋步骤可以参考图二和图三的指示。

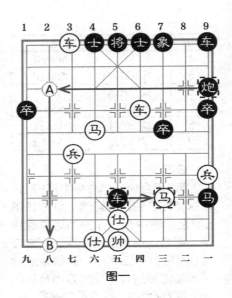

图一

回合	红方	黑方
1	马六进八	车5平7
2	马八进七	将5进1
3	马七退六	将5退1
4	车四平五	炮9平5
5	车五进一	象7进5
6	马六进四	将5进1
7	车七退一	

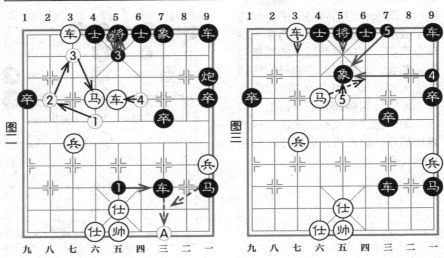

图二

图三

分析

第1回合中，红方弃三路马，进六路马至八路，已形成卧槽马杀局和挂角马杀局（车四进二、马八进七或马八进六）。黑方平车吃三路红马，已形成卧槽马杀局（车7进2、马9进7）。双方都已形成杀局，但红方有先行优势，因此，红方接下来要步步紧逼，才能取胜。第2~3回合中，红方运马将军，迫使黑方应将。第4回合中，红方平车将军，因红马控制了黑方九宫中心点，黑方只能平炮垫将。若进士，红方则进车杀士将军，再平车杀底士将死黑方。第5回合中，红方进车吃黑炮，黑方进象反吃。接下来，红方先跳挂角马，再退车以挂角马杀死黑方。

弃子攻杀

弃子攻杀是指在适当的时候主动放弃一些棋子，集中力量进行攻击，最后形成强大的攻势，或者换取更有利的局面，并在后续发展中取得胜利。

如图一所示，选自第七届"银荔杯"象棋冠军赛上海胡荣华对湖北柳大华的对局。当前局势下，黑车对红马形成捉子状态。如果红方选择将马移至A点以躲避黑车，黑车会迅速移至B点，对红相发起攻击。接下来，黑方车炮协同作战，轮番将军，局势将对红方极为不利。面对此局面，红方应采用弃子攻杀的战术，集中兵力发起攻击。具体的行棋步骤可以参照图二至图五的指示。

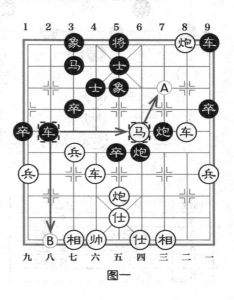

图一

回合	红方	黑方
1	炮二平七	象5退3
2	车二平三	马3进5
3	车六平三	车2平4
4	帅六平五	

分析

第1回合中，红方主动弃炮，平二路炮吃黑方底象并捉黑车，黑方被迫退中象吃红炮。第2回合中，红方平二路车吃黑炮，赢回一子，黑方进马至中路，以解除红方中炮对黑方中士的牵制，并防止红方车六进四要杀。第3回合中，红方平六路车至三路，使双车集结于三路，意图向黑方底线发动进攻。黑方抢先平车将军。黑方抢先平车将军。第4回合中，红方平帅至中路应将。在当前的局势下，红方的中炮对中路具有强大的控制力，可与红马协同发起攻势。双车集结于三路，伺机向黑方底线发动进攻。接下来，黑方可以运用兑子战术来化解危机。若走错一步，黑方有可能面临输棋的风险。我们继续学习棋局的演变。

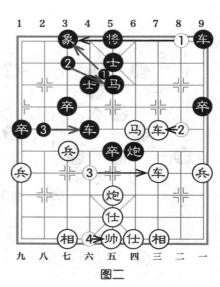

图二

127

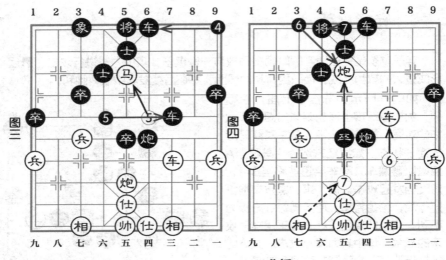

回合	红方	黑方
4		车9平6
5	马四进五	车4平7
6	车三进二	象3进5
7	炮五进五	将5平4
8	相七进五	

分析

第4回合中，面对红方的威胁，黑方平车至6路捉红马，形成马兑马、车兑车的局面。第5~6回合中，双方完成兑子。第7回合中，红方进中炮吃黑象将军，黑将避至4路。第8回合中，红方进相以保护七路兵。

回合	红方	黑方
4		马5进6
5	前车进四	

分析

假设在第4回合中，黑方选择走马5进6吃掉红马。红方随后进车至黑方底线将军。由于当前红方中炮对黑方中士形成了牵制，黑方无法退士应将。为了应对红方的攻势，黑方只能走车9平7。但红方在三路还留有一车，此时红方可以走车三进六反吃黑车，进一步形成将军的态势，并最终将死黑方。

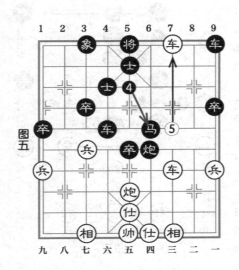

128

第五章

象棋实用布局

在象棋对局中，布局指的是开局时棋手的走棋方式。良好的布局意味着在棋局一开始就占据优势，对整个对局有着重大影响。了解并掌握实用的布局策略，可以帮助你取得开局优势，进而在整局比赛中占据主导地位。

5.1 顺手炮布局

红方第一步走炮二平五或炮八平五，直接威胁黑方中卒，黑方亦将同侧的炮摆在中路，称为"顺手炮"。

◆ 常见布局定式

◆ 顺炮直车对横车

回合	红方	黑方
1	炮二平五	炮8平5
2	马二进三	马8进7
3	车一平二	车9进1

◆ 顺炮横车对直车

回合	红方	黑方
1	炮二平五	炮8平5
2	车一进一	马8进7
3	车一平六	车9平8
4	马二进三	车8进4

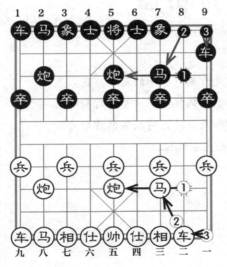

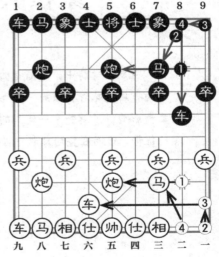

横车是指一方走"车一进一（车1进1）"或"车九进一（车9进1）"，以后横向出动。

直车则是指一方走"车一平二（车1平2）"或"车九平八（车9平8）"，以后纵向出动。

◆ 顺炮直车对缓开车

回合	红方	黑方
1	炮二平五	炮8平5
2	马二进三	马8进7
3	车一平二	卒7进1

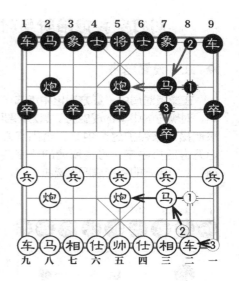

　　缓开车在象棋中是指一方先不动车，等待对方走棋后再出动车。这样可以调整局势或试探对方的走法。例如，黑方在第三回合中选择不挺9路车，而是进7路卒，意图是压制红方进三路兵，以防范红方布置顺炮直车两头蛇布局。

◆ 顺炮直车两头蛇对双横车

回合	红方	黑方
1	炮二平五	炮8平5
2	马二进三	马8进7
3	车一平二	车9进1
4	马八进七	车9平4
5	兵三进一	马2进3
6	兵七进一	车1进1

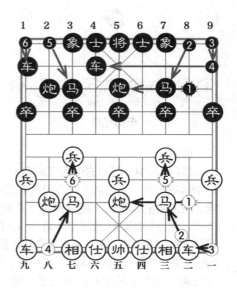

　　两头蛇是中国象棋的一种开局方法，指的是一方在开局时，双炮和双马并线前进，形如"两头蛇"。

对打空头炮陷阱与对策

◆ 红方设置陷阱

在象棋对局中，红方摆出中炮的布局，对黑方的中卒构成威胁。黑方需要采取措施来保护这个中卒，否则红方炮五进四打中卒，形成所谓的"空头炮"，对黑方的将构成严重威胁。

回合	红方	黑方
1	炮二平五	炮8平5
2	炮五进四	炮5进4
3	炮五退二	将5进1
4	马二进三	炮5平6
5	车一平二	车9进1
6	车九进一	马8进7
7	车九平四	炮6平1

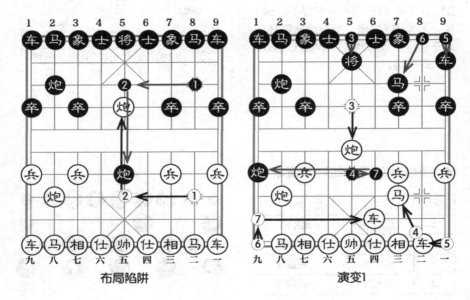

布局陷阱　　　　　演变1

分析

第2回合中，红方进中炮打黑方中卒，形成将军的局势。如果黑方也进中炮打中兵来应对，就会落入红方设置的陷阱。到了第3回合中，由于红方有先行优势，红方会立即退炮，困住黑炮，并利用重炮杀威胁黑方。由于空头炮前没有垫子，黑方只能进将活将路。第4回合中，红方进二路马捉黑方中炮，黑方平炮避开。第5回合中，红方平车至二路，企图下一步进车将军，黑方进车防守。第6回合中，红方进九路车表面邀兑马，实则弃马调动双炮、双车进攻。黑方并未应邀，而是进马避开红车捉子。第7回合中，红方平车捉黑炮，黑方平炮吃红兵。

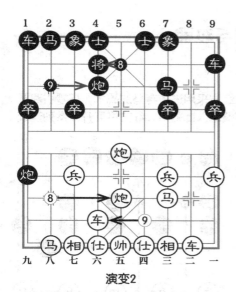

演变2

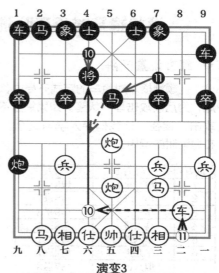

演变3

回合	红方	黑方
8	炮八平五	将5平4
9	车四平六	炮2平4
10	车六进六	将4进1
11	车二进一	马7进5
12	车二平六	马5进4
13	车六进三	

分析

第8回合中，红方重炮将军，黑将只能避至4路。当前重炮镇守中路，黑将被禁锢在4路，接下来，红方只需运车至黑将所在肋道将军，黑方便难以应付。第9~13回合中，红方利用双车先后到达六路进行将军。

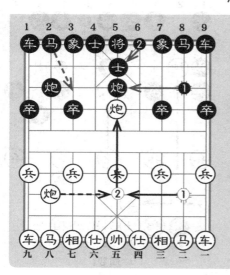

◆ 对策

面对红方进炮打中卒，黑方的正确应对是先以与中炮同一侧的士稳固中路，再进另一侧的马驱赶红方中炮。这样，黑方反而能抢占先手优势。

133

顺炮横车对直车陷阱与对策

◆ 红方设置陷阱

在顺炮横车对直车的定式开局中，红方采用进车弃马的战术，巧妙引离黑炮，为后续攻击埋下伏笔。如果黑方不慎陷入此陷阱，红方将展开一系列连续攻击。现在，让我们深入学习这个布局陷阱的运用。

回合	红方	黑方
1	炮二平五	炮8平5
2	车一进一	马8进7
3	车一平六	车9平8
4	马二进三	车8进4
5	车六进七	马2进1
6	车九进一	炮2进7
7	炮八进五	马7退8
8	炮五进四	士6进5
9	车九平六	

分析

第4回合中，古谱中的黑方走法是车8进6，但这种走法会限制右翼棋子的活动，所以现在调整为车8进4。第5回合中，黑方选择进边马，这有利于红方后续的布局。若黑方走马2进3，红方则可以通过车六退二，再车六平七的走法，保持先手优势。第6回合中，红方进车弃马，目的是诱使黑方进炮攻击红马，此为关键一步。第7回合中，红方进炮捉黑马，黑方被迫退马。黑方也可走车8退2保护黑马，但红方可走车六平三与炮配合，进行攻击。第8回合中，红方进中炮打中卒将军，黑方进士垫子应将。此步黑方的正确应对为炮5平4，通过弃炮引离红车，再车1进1控制宫二线，以防红方车九平六，运用双车错杀法对黑将发起攻击。

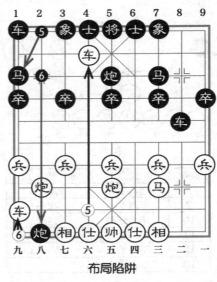

布局陷阱

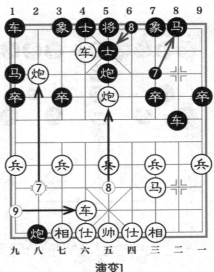

演变1

134

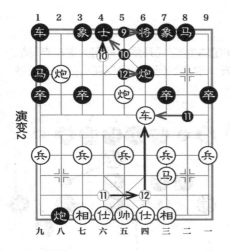

演变2

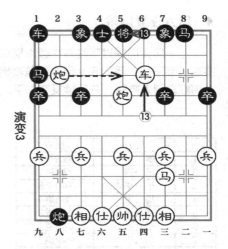

演变3

分析

第9回合中，面对红方双车的威胁，黑方提前平将至6路。第10回合中，红方进前车杀士将军，黑方退中士杀红车，以消将的方法应将。黑方这一步应进将，以避将的方式应对。第11回合中，红方平车至四路将军，若黑方平将至5路，红方则以重炮杀将死黑方。因此，黑方只能垫子应将。但由于黑方所垫棋子均为无根子，红方可进车吃子并继续将军。

需要注意的是，如果第4回合中黑方按照古谱的走法行棋，那么在第11回合中，黑方只能选择平炮来垫子应将，而无法选择平车。

回合	红方	黑方
9		将5平6
10	前车进一	士5退4
11	后车平四	车8平6
12	车四进四	炮5平6
13	车四进二	将6平5
14	炮八平五	

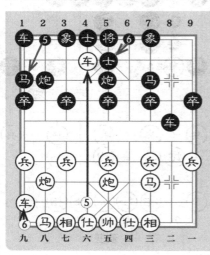

◆ 对策

面对红方在第6回合中的进车弃马陷阱，黑方应该选择走士6进5，目的是使双士联结，巩固后方的防御。随后再走车8平7，展开进攻，以争夺先手优势。

◆ 黑方设置陷阱

上一局我们探讨了红方在顺炮横车对直车的定式开局中采用的进车弃马的策略。接下来，我们将从黑方的角度出发，学习如何通过马退花心的方式巧妙地将红车引入陷阱，并后续反夺先手。

回合	红方	黑方
1	炮二平五	炮8平5
2	车一进一	马8进7
3	车一平六	车9平8
4	马二进三	车8进4
5	马八进七	马2进3
6	车六进五	马7退5
7	车六平七	炮2退1
8	车七平八	炮2平3

分析

第6回合中，红方车六进五捉3路卒，并威胁3路黑马。随后红方有炮八进二的走法，意在炮八平三或炮八平七进行攻击。黑方此时较为稳妥的应对是炮2进2，为车1进2保护黑马创造条件，并暗藏炮2平3捉红马的攻击。当红方兵七进一后，黑方再以炮2退3进行反击。然而，黑方在此局面下采取了马7退5的策略，意图诱骗红方平车攻击黑卒。第7回合中，红方不慎陷入黑方布置的陷阱，黑方立即退炮，随后可以平炮攻击红车。从这一步开始，黑方已经反夺先手优势。第8回合中，红车将要面临黑炮和黑马的围攻。如炮2平3、车七平八，马3进4。届时将形成黑马捉红车、黑炮捉红马的捉双局面。因此，红方只能先平车，以解除捉双的威胁。

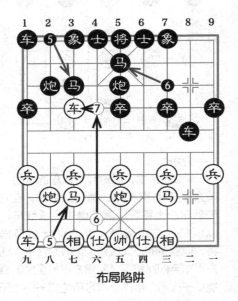

布局陷阱

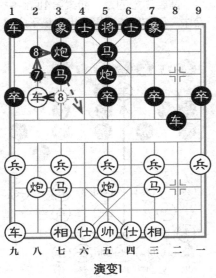

演变1

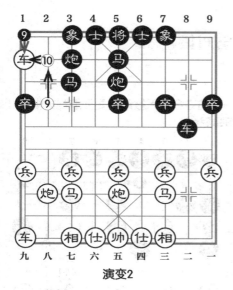

演变2

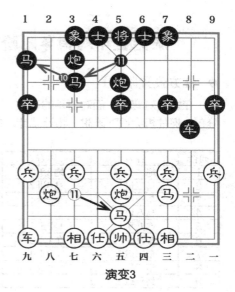

演变3

分析

第9回合中，红方选择进车捉黑炮，以破解之前形成的捉双局面。如果黑方走炮3进5来避开红车的捉子，那么之前争夺的优势将会消失。因此，黑方选择

回合	红方	黑方
9	车八进二	车1进1
10	车八平九	马3退1
11	马七退五	马5进3

进车邀兑，希望与红方兑车。第10~11回合中，红方被迫应邀，双方进行了兑车。双方兑车后，红方将七路马退至五路，以免被黑炮捉子，黑方则将窝心马移出。

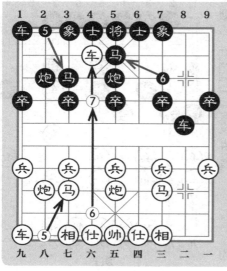

◆ 对策

面对黑方在第6回合中的退窝心马骗招，红方可以选择走车六进二，以此限制黑方车1进1的行动。随后的棋局发展如下：炮5平7，兵五进一、炮7退1，车六退四、象3进5。

黑方先平炮再退炮，意在威胁红方三路兵和相，同时在下一步驱赶红车。红方进五路兵的目的是为双马腾出足够的活动空间。

顺炮直车对横车陷阱与对策

◆ 红方设置陷阱1

在象棋对弈中，面对对手的进攻，一味防守会陷入被动。要仔细观察棋子分布，抓住机会设下陷阱，将计就计，扭转局势。

回合	红方	黑方
1	炮二平五	炮8平5
2	马二进三	马8进7
3	车一平二	车9进1
4	马八进九	卒1进1
5	炮八平七	马2进1
6	车九平八	车1平2
7	车二进六	车9平4
8	车二平三	车4进3
9	兵三进一	

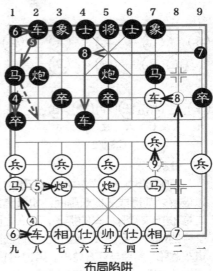

布局陷阱

分析

第8回合中，黑方进车巡河，意图下一步走马1进2，以一炮换红方一车。第9回合中，红方将计就计，并未让红车避开黑炮攻击，而是选择走兵三进一，为马三进四捉黑车创造条件。

当前局面，表面上看起来会向兑车的方向发展。但黑方如果走马1进2，则会陷入红方布置的陷阱。

回合	红方	黑方
9		马1进2
10	炮七平八	炮2进5
11	车八进二	

第10回合中，黑方已经踏入红方设下的陷阱。此时，红方如果选择马三进四，可能会被黑方反先。以下是一个具体的反先局面：

马三进四、车4进5，帅五平六、炮2进7，马九退八、马2进4，车三进一、车2进9，炮七平六、车2平3，帅六进一、车3平6。

因此，红方选择平炮至八路，邀约黑方兑炮。

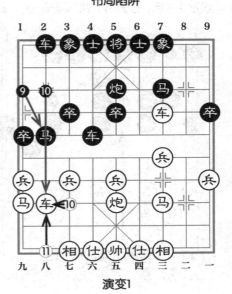

演变1

138

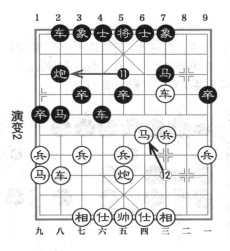

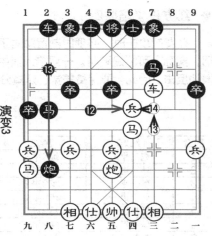

演变2

演变3

分析

第11回合中，红车吃掉黑炮后，形成了串打黑马和黑车的局势，因此，黑方只能平炮来捉红车。第12回合中，红方马三进四，邀黑方兑车。黑方则平

回合	红方	黑方
11		炮5平2
12	马三进四	车4平6
13	兵三进一	炮2进5
14	兵三平四	

车捉红马。第13~14回合中，红方进三路兵，继续对黑车构成威胁。黑方在此情况下，只能选择与红方兑车。当前局面下，红方的车、马、炮、兵都已经展现出强烈的进攻势头，黑方将很难应对。

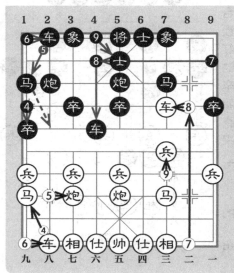

◆ 对策

面对红方设置的陷阱，黑方在第9回合中应该走士4进5，这样可以稳固中路，为后续的反击做好准备。随后，黑方可以炮5平4，再象3进5让黑炮保护黑马。在确保中路安全，解除红车对双炮的牵制后，黑方可以开始进行反击。

◆ 红方设置陷阱2

在发起攻击时，必须时刻留意对手的反应。有时候，看似攻击力不强的棋招，实际上可能是陷阱。一旦陷入其中，你可能会陷入苦战，而对手则会趁机发动反击。因此，要保持警觉，认真分析对手的棋招，避免落入陷阱。

回合	红方	黑方
1	炮二平五	炮8平5
2	马二进三	马8进7
3	车一平二	车9进1
4	兵三进一	车9平4
5	马八进七	马2进1
6	车二进六	炮2平3
7	车九平八	车1平2
8	炮八进四	车4进6
9	车八进二	卒3进1
10	车二退一	卒3进1

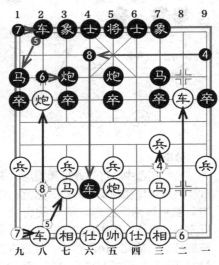

分析

第1~7回合中，双方走棋较为平和，没有明显的攻击意图。第8回合中，红方将炮退至卒行线，目的是封锁2路黑车。对此，黑方采取了进车捉红马的应对策略。第9回合中，红方出动八路车以保护红马，而黑方则进3路卒以封锁七路兵和马。第10回合中，眼看黑方3路卒即将过河，与3路黑炮、4路黑车形成攻击阵势。红方此时通常会采取相七进九的防守策略。但红方却退二路车捉黑卒，这一步看似并无攻击力，黑卒仍可过河对红方构成威胁。然而，若黑卒过河，则正好落入了红方设置的陷阱，随后将遭到连续攻击。

接下来，我们来看黑方卒3进1后棋局的走势。

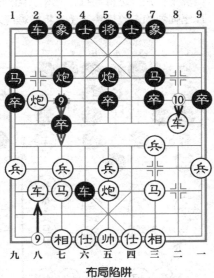

布局陷阱

140

回合	红方	黑方
11	车二平七	卒3进1
12	车七退二	炮3进5
13	炮五平七	车4平7
14	相三进五	车7退1
15	炮七进七	车2平3
16	车七进六	

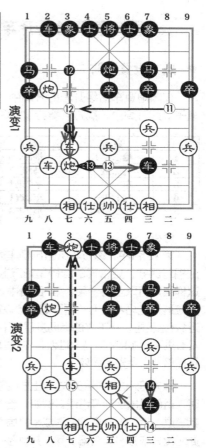

分析

第11回合中，红方平车至七路，同时捉黑卒和黑炮。黑方进卒吃红兵，对红方的马和车构成威胁。第12回合中，红方退七路车吃黑卒，消除了黑卒的威胁，而黑方则进炮吃红马。第13回合中，红方平炮吃黑炮，黑方平车吃红马。这一步，如果黑方不贪吃，走卒7进1还能挽回局势。但黑车平7吃红马后，红方的优势立即扩大。第14回合中，红方进相做炮架，红方七路炮同时捉黑车和3路黑象。黑方再次走错，以退车应对。如果黑方走炮5进4将军，通过弃炮可以解除危机。第15回合中，红方进炮吃象将军。当前局势下，红方的双车、双炮集结在黑方右翼，攻势猛烈。黑方士4进5，红方则炮八平三叫杀。随后红方先车八进七，再炮三退五，黑方将连失双车。黑方无奈，只能选择车2平3与红方兑车。

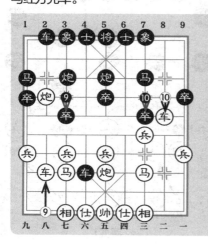

◆ 对策

第10回合中，黑方应该走卒7进1，这样可以通过弃子的策略，解除第15回合中红方暗藏的炮八平三叫杀，并抽吃黑车。黑方如果这样走，之后可以从3路进行反击，反而能够抢占先手优势。

顺炮直车对缓开车陷阱与对策

◆ 黑方设置陷阱

在顺炮直车对缓开车的开局中，黑方第三步没有出横车，而是调整了其他棋子。此开局中，黑方可能会设陷阱，红方需警惕并仔细分析局势。

回合	红方	黑方
1	炮二平五	炮8平5
2	马二进三	马8进7
3	车一平二	卒7进1
4	兵七进一	车9进1
5	车二进四	炮2进4

分析

第4回合中，黑方车9进1出横车的走法相对保守，更合理的选择是炮2进4，这样黑方可以获得一兵。第5回合中，红方应避免走马八进七，否则黑方会以卒3进1开始反击。接下来的棋局发展如下：**兵七进一、车9平3，马七进六、车3进3**，这样黑方反夺先手优势。

黑方炮2进4的目的是给红方设置陷阱，诱使其出现计算错误。例如，当红方兵三进一后，黑方炮2退1形成串打局面。此时黑方卒7进1，白得一兵，并且还能捉红车。这样红方不仅失去一兵，还浪费了有效步数，所以不会轻易兑子。

回合	红方	黑方
6	马八进七	炮2平7
7	相三进一	车1进1

第6回合中，红方进马踏入黑方设置的陷阱。黑方立即平炮至7路，打红兵，并威胁红方的三路相。第7回合中，红方通过进三路相至一路，成功避开黑炮的攻击。然而，黑方反夺先手，立即进1路车，形成双横车的局面，进一步扩大了优势。

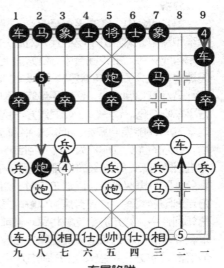

布局陷阱

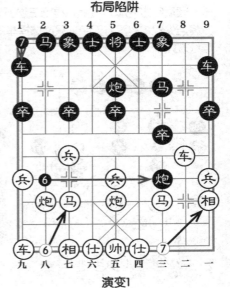

演变1

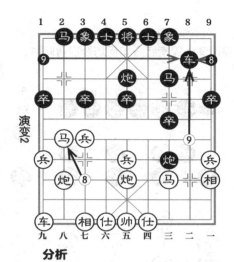

演变2

演变3

分析

第8回合中，红方进马做炮架，攻击黑马；黑方平车捉红车。第9回合中，由于黑方双车联结紧密，红车避至四路和六路时，黑方都能利用联车的优

回合	红方	黑方
8	马七进八	车9平8
9	车二进四	车1平8
10	炮八进七	车8平2
11	马八进七	车2退1

势逼迫红方兑车。如果红车避至一路，黑方则马2进1，双车集结至4路，开始发动进攻。红方无奈之下只能与黑方兑车。第10回合中，红方进炮打黑马，黑方顺势平车捉双。这一步棋，红方进炮吃黑马是错误的，应该走马八进七。第11回合中，红方进马吃黑卒，黑方退车吃红炮。当前局面下，黑车限制了红方九路车的出动。如果红方走车九进一，黑方将车2进9，接下来是车九平四、炮7平1，黑方随后利用抽将、炮碾丹砂等战术发起猛攻。

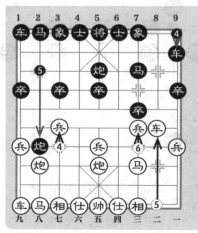

◆ 对策

面对黑方设置的陷阱，红方应坚定兑子，走兵三进一，黑方炮2退1后，红方可以有办法追回失子，棋局发展如下：

兵三进一、炮2退1，马八进七、卒7进1，
车二进二、炮2退3，车二平三、马2进3，
车三退二。

143

◆ 红方设置陷阱

刚学习了黑方的陷阱策略，现在让我们深入探索红方如何巧妙设置陷阱，掌握棋局的主动权。

回合	红方	黑方
1	炮二平五	炮8平5
2	马二进三	马8进7
3	车一平二	马2进3
4	马八进九	车9进1
5	炮八平七	车1平2
6	兵七进一	炮2进5

分析

在顺炮直车对缓开车的开局中，黑方第三步并不一定非得走卒7进1，也可以选择调动其他棋子。第4回合中，红方进边马的目的在于加速红炮的出动。第5回合中，红方平炮至七路，而黑方抢先一步出直车。第6回合中，红方进七路兵，对黑马构成威胁。这一步棋具有一定的迷惑性，旨在诱使黑方走炮2进5与红方兑炮，然后红方再发起进攻。

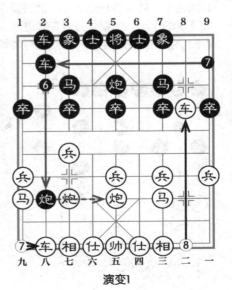

布局陷阱

回合	红方	黑方
7	车九平八	车9平2
8	车二进六	炮2平5

第7回合中，红方平车与黑车相互牵制，接下来走炮五平八打黑炮，因此，黑方再平9路车至2路，让双车联结。黑方这一步如不平车，直接走炮2平5，红方依旧占据优势，棋局发展如下：**炮2平5，车八进九、马3退2，相三进五。双方兑车和炮之后，红方在棋子出动速度上占据优势。**

第8回合中，红方进车捉黑卒，下一步平车吃卒捉黑马，目的是迫使黑方兑子。黑方选择兑子，但黑方还可以进中卒，为黑7进5腾出位置。

演变1

144

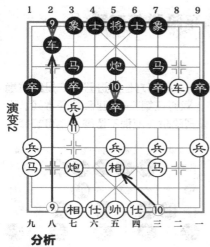

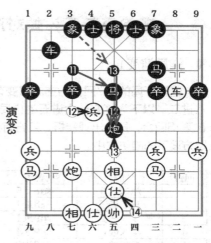

分析

第9~10回合中，红方应先兑车，再进相吃黑炮。切忌颠倒顺序，否则，黑方的出子速度要比红方快。黑方在第10回合中选择进中卒，目的是从中路突破，解除红方对双马的威胁。第11回合中，红方进七路兵，威胁黑方3路马。

回合	红方	黑方
9	车八进八	车2进1
10	相三进五	卒5进1
11	兵七进一	马3进5
12	兵七平六	卒5进1
13	兵五进一	炮5进3
14	仕四进五	象3进5

黑方进马至5路，使双马联结。第12回合中，红方平兵至六路，企图下一步进兵攻击黑马。当前黑马只能走马5进7，但红方立即车二平三捉双，黑方必然要失一马，面对红方的围攻，黑方选择进中卒以活马路。其实，黑方可以车2平4应对。第13回合中，双方兑子（中卒兑中兵）。第14回合中，双方兑子后，黑炮将军，红方进仕应将，黑方则进象至5路，免受红方的攻击。

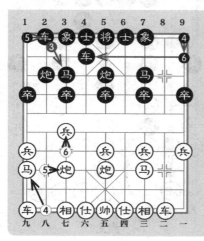

◆ 对策

面对红方在第6回合中进七兵，威胁黑马的棋招，黑方最佳的应对为车9平4，任由红兵过河，以下为第7回合的棋局的发展如下：

兵七进一、卒5进1，兵七平六、车4进3，炮七进五、马7进5，炮七进一、炮2进5，车九平八、车2进4，兵五进一、马5进7，仕四进五、马7进6，车二进一、卒5进1，炮五进五、象3进5。

顺炮直车两头蛇对双横车陷阱与对策

◆ 棋局演变1

这种开局的第7回合的主流演变有两种，一是红方仕六进五，二是红方炮八进二。以下为红方仕六进五的棋局演变，双方在第7~14回合展开激战。而在第15回合，局势出现转折，红方有机会设置陷阱，但稍不留神，也可能掉入黑方设下的陷阱之中。

回合	红方	黑方
1	炮二平五	炮8平5
2	马二进三	马8进7
3	车一平二	车9进1
4	马八进七	车9平4
5	兵三进一	马2进3
6	兵七进一	车1进1
7	仕六进五	车4进5
8	相七进九	车1平6
9	车九平六	车4平3
10	车六进二	卒5进1
11	炮八退二	炮2进5

分析

第7回合中，红方进六路仕的目的是稳固后方防御，为后续的进攻做好准备。同时这一步棋还可以限制黑方在中路的行动。黑方进车，准备下一步平车捉双。第8回合中，红方进七路相至边路，其作用有两个，一是为快速出动九路车进攻做准备，二是保护七路兵。黑方平车至6路，限制红方走马三进四捉4路车。第9回合中，红方平车至六路捉黑车，黑方无奈平车捉红马。第10回合中，红方进车保护红马，黑方进中卒，准备从中路出动马。第11回合中，红方退炮准备攻击黑车，黑方进炮攻击红车。

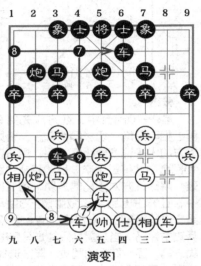

演变1

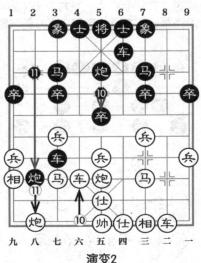

演变2

146

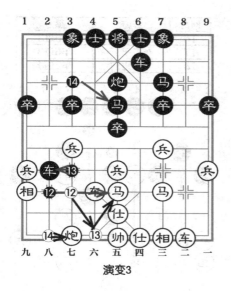

演变3

回合	红方	黑方
12	马七退六	炮2平5
13	马六进五	车3平2
14	炮八平七	马3进5

第12回合中，若红方坚持平炮捉黑车，则会先后失一车一马。因此，红方退七路马至六路，让红车捉黑车。黑方则平炮打红方中炮，邀红方兑炮。这一步黑方必须邀兑，若黑炮退1，下一步红方马六进八，形成炮对炮，马捉车的捉双局面，黑方必然失子。第13回合中，红方应邀，进马吃黑炮，黑方平车捉炮。第14回合中，红方平炮至七路，威胁黑马，黑方进马至中路。

◆ **红方设置陷阱**

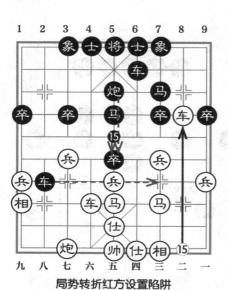

局势转折红方设置陷阱

回合	红方	黑方
15	车二进六	卒5进1

分析

此时，红方面临两种走棋选择：一是车二进六，二是车四进四。选择车二进六有可能使黑方陷入被动局面。接下来，我们将深入分析棋局的发展。

第15回合中，红方采取了车二进六的策略，进车至卒行线。下一步，红方计划平车吃黑方7路卒，以此牵制黑方双马。面对红方的攻势，黑方选择进中卒，意图通过兑子以中炮牵制中路红马，同时，为黑方车2平7腾出路线，希望借此解困。然而，黑方漏算了红方可帅五平六，然后，进车杀士这步棋，这就正好落入了红方设置的陷阱之中。

147

分析

第16回合中，双方兑子，黑方中炮成功牵制红方中路棋子的行动。第17回合中，红方车二平三牵制黑方双马，黑方车6进3，这是正确的防守策略。如果黑方急于走车2平7，那么接下来棋局发展如下：

帅五平六、车7进1，车六进七、将5进1，马五进六、马5进4，车六退五、车6进1。然后，红方车三平二，下一步车二进二可以形成杀棋。

第18回合中，红方车六进四，双车成功控制了卒行线，下一步炮七进六，威胁黑方双马。黑方被迫车2退4保护黑马。至此，黑方双马被牵制，黑车被迫退回防守，红方占据明显优势。

回合	红方	黑方
16	兵五进一	炮5进3
17	车二平三	车6进3
18	车六进四	车2退4

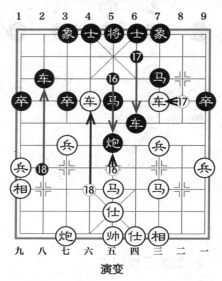

演变

◆ 对策

面对红方在第15回合中进车至卒行线，企图牵制黑方双马的棋招，黑方可以采取车6进5的策略，任由红车平三，以下为棋局可能的发展：

车二平三、炮5退1，车六进四、炮5平7，车三平二、士4进5。

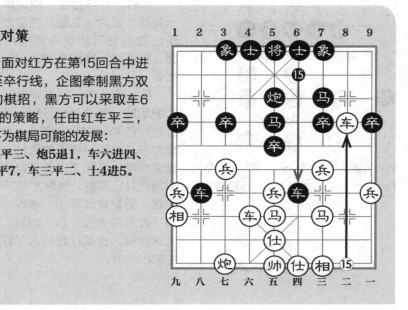

148

◆ 黑方设置陷阱

在第15回合中，若红方选择车六进四，黑方则挺中卒邀红方兑兵，接下来，红方为了争取先手优势，极可能陷入黑方设置的陷阱中。接下来，我们将深入分析棋局的发展。

回合	红方	黑方
15	车六进四	卒5进1
16	兵五进一	炮5进3
17	车二进五	卒7进1
18	车二进一	卒7进1
19	炮七进六	车6平4
20	车六进二	马5退4

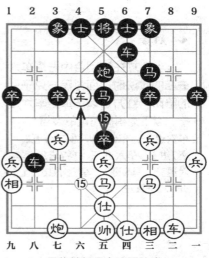

局势转折黑方设置陷阱

分析

第15~16回合中，红方进车牵制黑方双马，黑方试图通过进中卒来与红方兑兵。红方同意并兑子后，黑方的中路则陷入了困境，黑炮当前只能退，前进或平左平右都在红方棋子的攻击范围内。第17回合中，红方看黑炮陷入困境，选择进二路骑河车，有效地守住了黑炮，并计划下一步平五以围困黑炮。然而，黑方进7路卒进行拦截。在这一步棋中，红方应选择车六退一，而不是走车二进五，落入了黑方设置的陷阱中，导致红方失去先手优势。第18回合中，红方车二进一以避开7路黑马的攻击，但黑方继续进7路卒，使红方的双马处于被压制的状态。第19回合中，红方再次失误，为了争夺先手优势而进炮打卒并捉黑马。黑方则平车捉红车进行反击。红方这一步应先平帅至六路，威胁黑方4路士，迫使黑方进士。第20回合中，红方被迫与黑方兑车，局势进一步恶化。

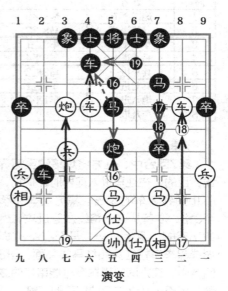

演变

◆ 对策

当红方在15回合中选择车六进四的攻法时，面对黑方兑子后的陷阱，红方可以选择走车六退一，以下为棋局可能的发展：
车六退一、车6平4，车二进五、卒7进1，车六进三、马7进8，车六退三、马8进7，车六平五、士4进5，车五进一。

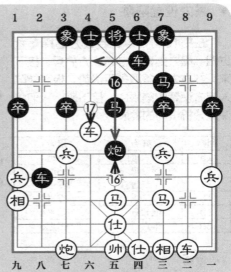

◆ 棋局演变2

回合	红方	黑方
1	炮二平五	炮8平5
2	马二进三	马8进7
3	车一平二	车9进1
4	马八进七	车9平4
5	兵三进一	马2进3
6	兵七进一	车1进1
7	炮八进二	车1平3
8	车九进二	

分析

第7回合中，红方将炮移动至河界线，目的是在红马进入河界时保护它，防止受到黑车的攻击。黑方将车平移至3路，准备从这一路线发起进攻，例如卒3进1、兵七进一，马3退5，立即形成黑车串打红兵和红马的局面。第8回合中，红方面对黑车有可能串打的威胁，采用车九进二保护红马的策略。

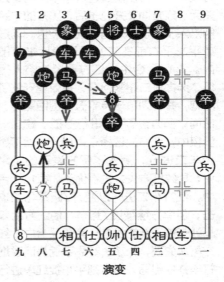

演变

150

◆ 黑方设置陷阱

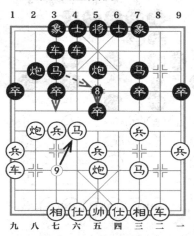

局势转折黑方设置陷阱

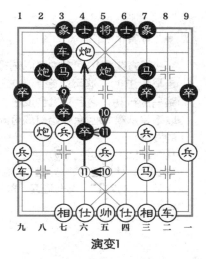

演变1

回合	红方	黑方
8		卒5进1
9	马七进六	卒3进1
10	炮五平六	卒5进1
11	炮六进六	卒5平4
12	相三进五	车3平4
13	兵七进一	马3进5
14	兵七进一	卒4进1
15	仕四进五	卒4平5

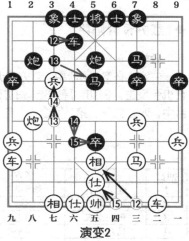

演变2

分析

第9回合中，红方进马意图压制黑方进马，但这正好陷入黑方设置的陷阱中。黑方挺3路黑卒，这对红方河界上的炮、兵、马构成威胁。第10回合中，红方决定平炮捉黑车，并腾出相位，这将使局势更加不利于红方。黑方选择进中卒，通过弃车争夺先手，随后利用抽将战术获取更多优势。第11回合中，红方进炮吃黑车，黑方平卒吃红马，并将军。第12回合中，红方进相垫子应将，黑方平车吃红炮。这样，黑方以一车换取红方一马一炮。第13回合中，红方进7路兵，黑方进马捉兵。第14回合中，红方再次进七路兵，黑方进4路卒捉中兵。第15回合中，当前黑方的车、马、炮、卒齐聚一堂，对红方的九宫构成威胁。因此，红方先进仕做好防御。黑方平卒吃红方中兵。接下来，黑方进中卒吃相，红方进相反吃中卒，黑方再移动中路黑马，用中炮牵制红方中路仕相，并利用其他棋子进行进攻。

151

◆ 对策

红方在第10回合中可以选择走马六进七，这可以牵制黑方3路马的行动，之后有机会反击。以下是从第10回合开始棋局可能的发展：

马六进七、卒3进1、炮八进二、车4进7、仕四进五、马3进5，炮八平五、马7进5、马七进五、象3进5。

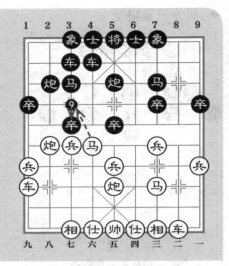

◆ 红方设置陷阱

分析

注意，在第9回合中，红方错判走马七进六陷入陷阱后，黑方若走错则红方有机会反击。例如，黑方走马3进5，则当前局势有利于红方布置陷阱。第10回合中，双方兑马。第11回合中，红方进马捉黑马，此时，黑方的应对至关重要。

回合	红方	黑方
1	炮二平五	炮8平5
2	马二进三	马8进7
3	车一平二	车9进1
4	马八进七	车9平4
5	兵三进一	马2进3
6	兵七进一	车1进1
7	炮八进二	车1平3
8	车九进二	卒5进1
9	马七进六	马3进5
10	马六进五	马7进5
11	马三进四	

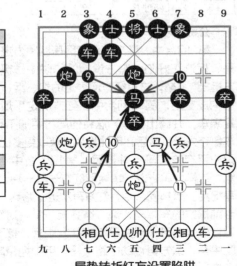

局势转折红方设置陷阱

回合	红方	黑方
11		马5退7
12	车二进五	炮5进4
13	仕四进五	士4进5

分析

第11回合中，黑方在见到红马前来捉黑马时，迅速退马以避开红马的攻击。第12回合中，红方进车至黑方河界线，下一步计划是平车吃中卒，以牵制黑炮。之后，红方再进马至三路以攻击黑炮。然而，黑方在此局面下犯了错误，选择了炮5进4。实际上，黑方应该走卒3进1来应对。第13回合中，红方进仕以应将，此时，红方中炮控制了中路，黑方中路上的炮和卒都无法移动。接着，红方平车吃中卒将军，并抽吃黑炮。黑方面对抽将的攻击，选择先进士。红方中炮一直威胁黑将，红方接下来可以平车至六路，再退炮至宫二线，从六路发起攻击。

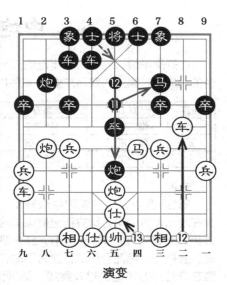

演变

◆ 对策

在第11回合中。红方进马捉黑马时，黑方不需过度关注，选择走卒3进1的应对为佳。第12回合中，红马若走马四进五，黑方可反击，以下是从第12回合开始棋局可能的发展：

马四进五、卒3进1，炮八退三、车3进2。

当前红马被黑方围困，下一步只能走车九平八邀黑方兑炮以解困。

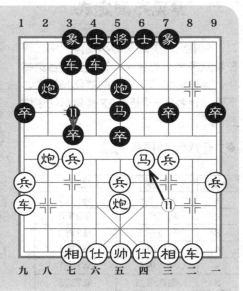

5.2 中炮对屏风马

在开局阶段，红方第一步走炮二平五，黑方走马8进7，然后，经过3个回合的对局后，黑方的双马并排，保护中卒，形成中炮对屏风马的开局。

回合	红方	黑方
1	炮二平五	马8进7
2	马二进三	车9平8
3	车一平二	马2进3

分析

第1回合中，红方采用中炮开局，意在攻击黑方中卒。黑方摆出屏风马的阵势，意在防守。第2回合中，红方跳马，意在与中炮配合作战。黑方平车，意在守住红方可能的进攻路线。第3回合中，红方平车，意在巩固先手优势。黑方跳马，寻求反击机会。

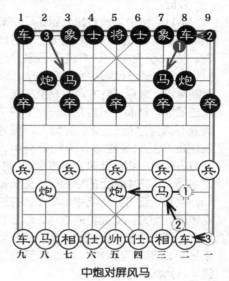

中炮对屏风马

常见布局定式

在中炮对屏风马的布局体系中，存在着众多经典的变例。这些变例各具特色，为棋局增添了更多的变化与魅力。下面，让我们一同欣赏这些具有代表性的棋局。

◆ 五八炮对屏风马

回合	红方	黑方
1	炮二平五	马8进7
2	马二进三	车9平8
3	车一平二	马2进3
4	兵三进一	卒3进1
5	马八进九	卒1进1
6	炮八进四	象7进5

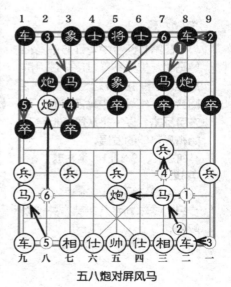

五八炮对屏风马

分析

上文已经分析了双方前3回合的走棋意图，我们从第4回合开始分析。第4回合中，红方挺三路兵，意在活三路马。黑方挺3路卒同理。第5回合中，红方进边马，意在左右出子均衡，静观其变。黑方挺卒，意在压制红方边马出动。第6回合中，红方进炮至卒行线，意在平七路压制黑马和平三路打卒。黑方进7路象至中路，保护3路象。

◆ **五七炮对屏风马**

回合	红方	黑方
1	炮二平五	马8进7
2	马二进三	车9平8
3	车一平二	马2进3
4	兵三进一	卒3进1
5	马八进九	卒1进1
6	炮八平七	马3进2

分析

第6回合中，红方平炮，意在配合中炮进攻。黑方进马，意在阻止红方车九平八。

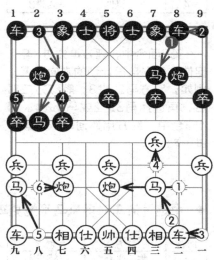

五七炮进三兵对屏风马

◆ **五九炮过河车对屏风马平炮兑车**

回合	红方	黑方
1	炮二平五	马8进7
2	马二进三	车9平8
3	车一平二	卒7进1
4	车二进六	马2进3
5	兵七进一	炮8平9
6	车二平三	炮9退1
7	马八进七	士4进5
8	炮八平九	车1平2

分析

第5回合中，黑炮平炮，意在邀红方对车。第6回合中，红方并未应邀，平车困马，牵制炮和马。黑炮退炮，意在平炮驱赶红车。第8回合中，红方平炮至边路，准备出动九路车，以求出子均衡。

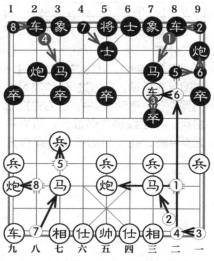

五九炮过河车对屏风马平炮兑车

155

◆ 中炮巡河车对屏风马进3卒

回合	红方	黑方
1	炮二平五	马8进7
2	马二进三	车9平8
3	车一平二	卒3进1
4	车二进四	马2进3

分析

第3回合中，黑方抢先进3卒，促使布局向自己计划的方向发展，例如，黑方马2进3，等红方应对后，再选择马3进2或马3进4。第4回合中，红方用巡河车应对黑方进3卒。

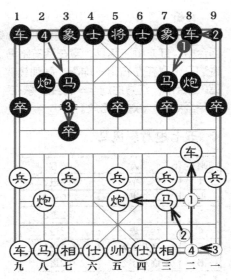

中炮巡河车对屏风马进3卒

◆ 中炮过河车对屏风马平炮兑车

回合	红方	黑方
1	炮二平五	马8进7
2	马二进三	车9平8
3	车一平二	卒7进1
4	车二进六	马2进3
5	兵七进一	炮8平9

分析

第4回合中，红方二路车过河，意图平三捉马。黑方进马，2路炮成为保护子。第5回合中，红方先挺七路兵，为后续进攻做准备。黑方平炮至9路，亮出后面的车，邀红方兑车。

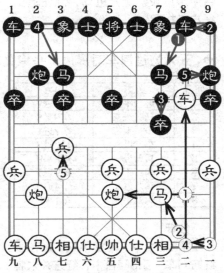

中炮过河车对屏风马平炮兑车

◆ 中炮过河车对屏风马左马盘河

回合	红方	黑方
1	炮二平五	马8进7
2	马二进三	车9平8
3	车一平二	马2进3
4	兵七进一	卒7进1
5	车二进六	马7进6

分析

第4回合中，红方先挺七路兵，黑方挺7路卒，双方均为后续进攻做准备。第5回合中，红方二路车过河，意图压制黑方出动8路棋子，黑方进7路马至河界线。

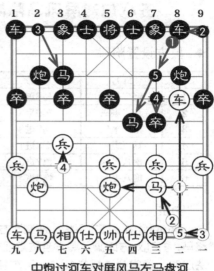

中炮过河车对屏风马左马盘河

◆ 中炮七路马对屏风马双炮过河

回合	红方	黑方
1	炮二平五	马8进7
2	马二进三	车9平8
3	车一平二	马2进3
4	兵七进一	卒7进1
5	马八进七	炮2进4
6	兵五进一	炮8进4

分析

第4回合中，红方先挺七路兵，黑方挺7路卒，双方均为后续进攻做准备。第5回合中，红方进马至七路，意为进一步巩固自己的阵地，并准备发动攻击。黑方炮2进4，这一步是攻击对方的阵地，寻求对攻的机会。第6回合中，红方兵五进一，目的是直接攻击对方的中路。黑方炮8进4，是为了配合前一步的进攻，进一步加强对攻的态势。

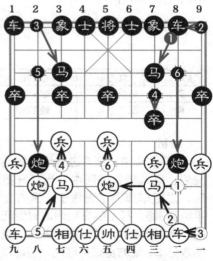

中炮七路马对屏风马双炮过河

五八炮对屏风马陷阱与对策

◆ 黑方设置陷阱

回合	红方	黑方
1	炮二平五	马8进7
2	马二进三	车9平8
3	车一平二	马2进3
4	兵三进一	卒3进1
5	炮八进四	象7进5
6	炮八平七	炮8进4

分析

第6回合中，红方平炮，压制黑方3路马，打乱对方阵脚。黑方若按常规走法应对，通常会选择卒1进1，再车1进3捉炮。但黑方此次出其不意，炮8进4，想要炮8平7压制红马。这一步为黑方精心布置的骗招，红方若不慎，容易陷入对方的陷阱中。

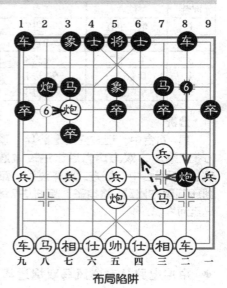

布局陷阱

回合	红方	黑方
7	马三进四	炮8平3
8	车二进九	炮3退3

分析

第7回合中，红方进马应对黑炮的威胁，落入黑方陷阱中。当红马离开后，二路车成为了无根子，黑方立即平炮至3路，红方的车和炮同时受到攻击。第8回合中，红方被迫进车，邀请黑方兑车。黑方退炮打红炮，当前黑方暗藏炮3进6抽将吃车的一步棋。

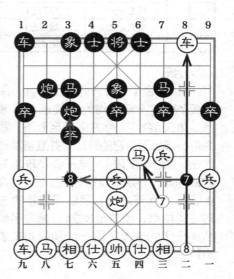

158

回合	红方	黑方
9	炮五平七	马7退8
10	炮七进四	炮2平1

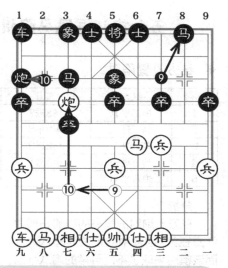

分析

第9回合中，红方无奈，只能放弃红车，平炮拦截黑炮。黑方退马吃红车。第10回合中，红方进炮吃黑炮，黑方平炮至1路，意图平车至2路，限制红方九路车的行动。当前红方棋子受牵制，且少一兵，黑方占据先手优势。

◆ 对策

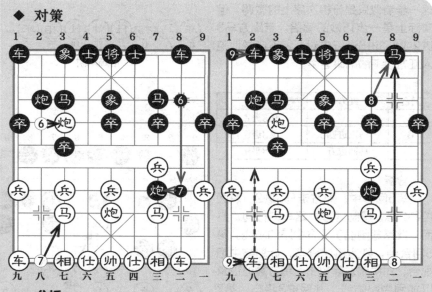

分析

第7回合中，红方采取马八进七的策略，积极调动左翼棋子。黑方平炮试图压制红马，看似占据优势，但实际上红方拥有先行优势。第8回合中，红方主动兑车，黑方被迫兑车，致使黑马回到原位。第9回合中，红方平车捉炮，迫使黑方平车保护黑炮，从而使得黑方的车炮受到红车的牵制。紧接着，红方车八进四，从七路展开进攻。

五七炮对屏风马陷阱与对策

◆ 红方设置陷阱

回合	红方	黑方
1	炮二平五	马8进7
2	马二进三	车9平8
3	车一平二	马2进3
4	兵三进一	卒3进1
5	炮八平七	

分析

在五七炮对屏风马的经典布局中，红方在第5回合中的走法为马八进九，而该棋局采取了不同寻常的炮八平七。这一步看似只是行棋次序上的微调，但实际上是一步巧妙的骗招。若黑方马3进2或象3进5进行应对，将不自觉地陷入红方设下的陷阱之中。

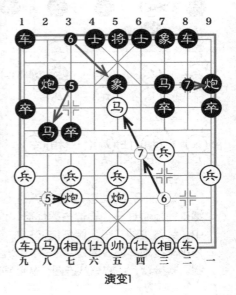

布局陷阱

回合	红方	黑方
5		马3进2
6	马三进四	象3进5
7	马四进五	炮8平9

分析

第5回合中，黑方走马3进2，意图控制2路，遏制红方九路车的行动。然而，此举却削弱了黑方中路的防线。第6回合中，红方迅速进马，计划与中炮配合，对中路发起攻击。黑方被迫进象以加固中路防线，并保护3路卒。第7回合中，红方进马打向黑方中卒，黑方平炮以诱使红方兑车。如果黑方走马7进5反击，则之后的棋局发展可能如下：

炮五进四、士4进5，车二进五、车1平4，炮七平二。

演变1

回合	红方	黑方
8	车二进九	马7退8
9	马五退七	士4进5
10	马七进八	炮9平2
11	兵九进一	车1平4

分析

第8回合中，红方接受兑车，双方战车离场。第9回合中，红方退马，消灭黑方一卒。黑方进4路士，不仅为车1平4腾出位置，以便快速出动车，还解除了红方中炮对中象的牵制。第10回合中，红马正受黑象捉子威胁，若避开则太消极，因此选择兑子，以一马兑黑方一炮。第11回合中，由于黑炮控制了2路，红方进九路兵，意图从边路突破。黑方快速出动车应战。至此，红方凭借多兵和有利位置占据优势。

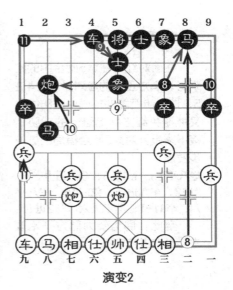

演变2

◆ 拓展

若在第5回合中，黑方选择走象3进5，先行加固中路防线，再走马3进2遏制红方左翼棋子出动。这样的行棋思路在理论上似乎是正确的。然而，选择象3进5来加固中路防线的同时，会导致3路马失去保护，从而暴露出布局中的漏洞。红方在第6回合中敏锐地抓住机会，走兵七进一发起攻击。黑方无奈之下选择马3进2应对。第7回合中，红方进一步进兵打卒，同时捉黑马。黑方为了化解威胁，决定进象打兵，从而消除了这一威胁。第8回合中，红方果断地进车捉双，迫使黑方不得不进7路象来破解这一攻势。

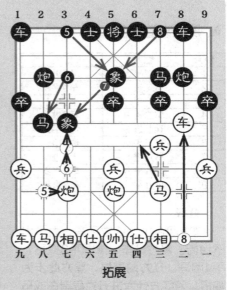

拓展

此时，黑方九宫的防御已经较为薄弱，红方抓住机会立即展开进攻。第9回合中，红方马三进四继续进攻，局势对黑方愈发不利。

◆ 对策

在面对红方在第5回合中的陷阱时，黑方正确的应对是走士4进5。这一步既能够加固中路防线，又能避免红方兵七进一的威胁。接下来是针对第5回合棋局的进一步发展：

炮八平七、士4进5，马八进九、马3进2，车九进一、象3进5，车九平六、卒1进1，车二进六、马2进1。

至此，局势转为黑方开始攻击，红方进行防御。

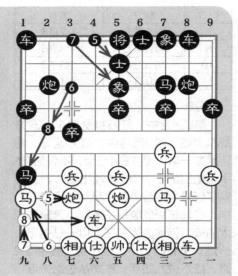

五九炮过河车对屏风马平炮兑车陷阱与对策

◆ 黑方设置陷阱

回合	红方	黑方
1	炮二平五	马8进7
2	马二进三	车9平8
3	车一平二	卒7进1
4	车二进六	马2进3
5	兵七进一	炮8平9
6	车二平三	炮9退1
7	马八进七	士4进5
8	炮八平九	车1平2
9	车九平八	车8进8

分析

第9回合中，红方平车，力求出子均衡。黑方进车，意图平3捉马，平4困马。红方需警惕，黑方此步为骗招。若红方仕六进五拦截黑车或马七进六应对黑车捉双，将落入黑方设下的陷阱。

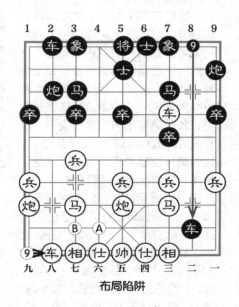

布局陷阱

162

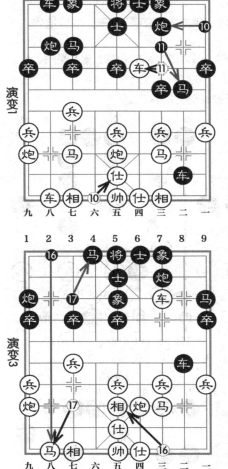

演变1

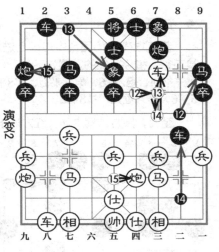

演变2

演变3

回合	红方	黑方
10	仕六进五	炮9平7
11	车三平四	马7进8
12	车四平三	马8退9
13	车三退一	象3进5
14	车三进二	车8退3
15	炮五平四	炮2平1
16	相三进五	车2进9
17	马七退八	马3退4

分析

　　第10回合中，红方落入黑方设置陷阱中，进仕之后，红方右翼棋子拥堵，成为布局漏洞。黑方平炮至7路，驱赶红车。第11回合中，红方平车避开黑炮攻击。黑方进马至8路，亮出7路炮，意图进炮打兵，以闷宫杀威胁红方。第12回合中，红方被迫平车至三路，拦截黑炮的攻击。黑方退马捉红车。第13回合中，红方被迫退车打卒，避开黑马的攻击。黑方进象捉红车。第14回合中，红车被迫进二，避开黑象攻击。若红车进一，黑方则炮2进2、车8平7、炮2平7。黑方退车，意图平3，集中兵力攻击红方左翼。第15回合中，红方平炮，意图进三路相至中路，让相成为炮架，同时保护七路兵。黑方若平车打兵，接下来会被红相捉子，故而黑方平炮邀红方兑车。第16~17回合中，红方先补中相，加强防御。接下来双方兑车，黑方在第17回合中退马，亮出后方的黑炮捉红车。接下来，红方会被迫与黑方兑车、兑九路兵，兑子之后，红方三路棋子受黑炮牵制，其他棋子也不具攻击力。

◆ **拓展**

若红方在第10回合中走马七进六，黑方则炮9平7捉车，顺势抢先。接下来，棋局可能的发展如下：

车三平四、炮2进6，炮九平七、车8平4，马六进七、车4退2，炮八平四、炮5平6，车八进九、马3退2。

至此，黑方占据主动，红方处于被动防守的状态。

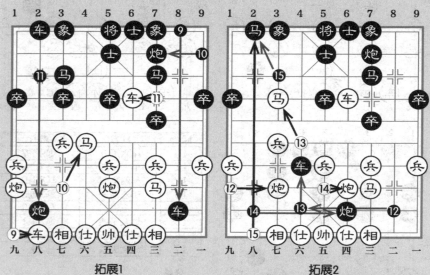

拓展1　　　　　　　拓展2

◆ **对策**

当黑方在第9回合中车8进8设置陷阱时，红方可以选择不予理睬，并在第10回合中立即车八进六发起进攻。若黑方车8平3攻击红马，红方可马三退五应对。此时，黑车将孤立无援，而红方双车已过河对黑方构成威胁。再配合路线通畅的双炮，红方的优势将进一步扩大。

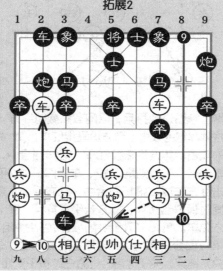

中炮过河车对屏风马平炮兑车陷阱与对策

◆ 红方设置陷阱

回合	红方	黑方
1	炮二平五	马8进7
2	马二进三	车9平8
3	车一平二	卒7进1
4	车二进六	马2进3
5	兵七进一	炮8平9
6	车二平三	炮9退1
7	马八进七	士4进5
8	马七进六	炮9平7
9	车三平四	车8进5
10	炮八进二	象3进5
11	车九进一	

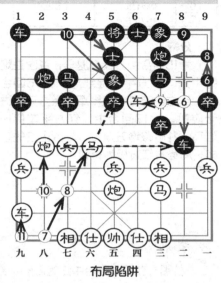

布局陷阱

分析

第7回合中，红方进马，意图跳到河界线，再与车炮配合对黑方九宫构成威胁。黑方为应对这一威胁，选择补士加强防御，接下来的第8~10回合中，双方展开激烈的攻防战，相互试探、争夺主动权。第11回合中，红方采取了进车的策略，这是一步等待的着法，意在诱使黑方犯错。黑方若误判红方将运用闪击战术攻击其车，而走卒3进1或炮2进1，那么他将不可避免地陷入红方设下的陷阱之中。

回合	红方	黑方
11		卒3进1
12	马六进五	车8平3
13	马五进七	车3平2
14	车四进二	炮7平9

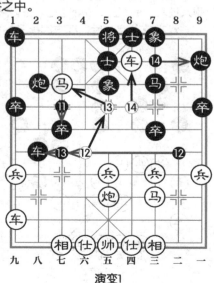

演变1

分析

第11回合中，黑方卒3进1急于反击，却落入红方陷阱。第12~13回合中，红方迅速展开攻势，与黑方形成兵种互兑的局面。第14回合中，红方进车至象眼，意在使双象失去关联以及捉黑炮。黑方平炮，进入黑马的保护范围内。

165

回合	红方	黑方
15	马七退六	车1平4
16	炮五进五	士5进6
17	车九平六	

分析

第15回合中，红方退马，意图进炮打中象。黑方平车捉红马。第16回合中，红方进炮打中象将军，黑方只能进士应对。第17回合中，红方平车保护红马，并暗藏炮五退二、马六进五的杀棋，局势对红方极为有利。

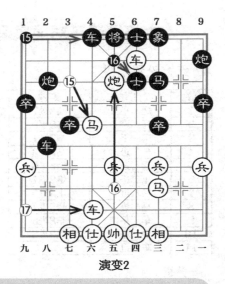

演变2

◆ 拓展

若黑方在第11回合中走炮2进1，红方则车四退四，趁势调整阵形。接下来，棋局可能的发展如下：

车四退四、车8进1，炮五平六、炮2退2，相三进五、马7进8，炮八退四、马8进9，车九平八、车1平2。

至此，红方占据先行优势，主动与黑方对子，兑子步骤如下：

炮八进八、车2进1，车把进七、炮7平2，马三进一、车8平9。

双方兑子完成后，红方因棋子站位佳而占据优势。

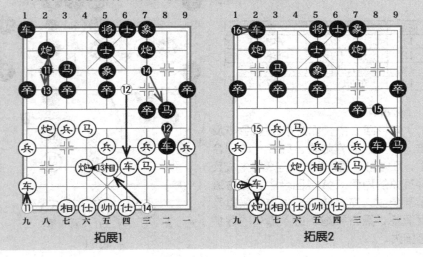

拓展1　　　　　　　拓展2

166

◆ 对策

在第11回合中，黑方可以选择卒7进1进行反击，从7路发起进攻。这一着法将立即扭转局势，使红方失去进攻优势，从而陷入被动。第12回合中，红方面临选择，若兵三进一，黑方将车8平7，随后马7进8，展开更为有力的攻势。因此，红方只能选择马六进七，以维持局势的平衡。

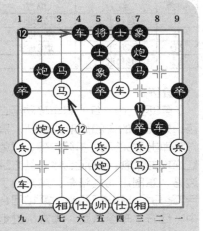

中炮巡河车对屏风马进3卒陷阱与对策

◆ 红方设置陷阱

回合	红方	黑方
1	炮二平五	马8进7
2	马二进三	车9平8
3	车一平二	卒3进1
4	车二进四	马2进3
5	兵七进一	卒3进1
6	车二平七	炮2退1
7	炮八进七	炮2平3

分析

在第5~7回合中，双方在七路展开了激烈的争夺。他们先是兑子，然后互相捉子，导致红方的车失去了保护，变成了一枚无根子。

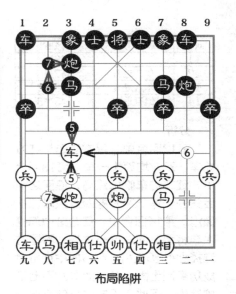

布局陷阱

167

回合	红方	黑方
8	炮七平二	马3进2
9	马八进九	卒7进1
10	车九平八	炮8进2
11	炮七进三	

分析

第8回合中，红方将车移动至二路，对黑方的车和炮形成牵制。黑方随即出动3路马，拆除炮架，以免红炮攻击黑炮。第9回合中，红方跳边马，意图出动九路车。黑方为了活7路马，选择进7路卒。第10回合中，红方平车至八路，黑方则进炮以保护黑马。第11回合中，红方进一步进炮，逼迫黑方兑子。黑方若选择炮8平3进行兑子，则会落入红方的陷阱之中。

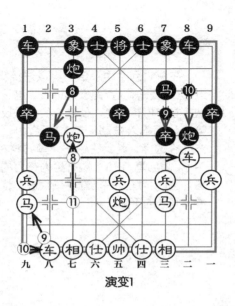

演变1

回合	红方	黑方
11		炮8平3
12	车二进五	马7退8
13	车八进五	象3进5
14	炮五进四	炮3平5

分析

第12回合中，黑方应邀与红方兑车，双方均丢失一车。第13回合中，红方进车吃掉黑马，追回之前丢失的一炮。黑方随即进象以保护黑炮。第14回合中，红方进中炮打中卒将军。面对这一攻势，若黑方选择士4进5应将，红方的中炮将会成功牵制士象，并立即车八平七吃掉黑炮。因此，黑方的最佳应对是炮3平5，通过运用兑子战术来解除当前的威胁。

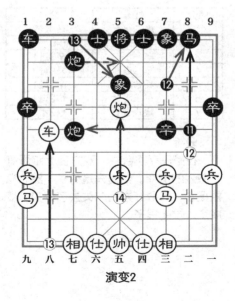

演变2

◆ 对策

　　面对红方在第11回合中的逼兑骗招，黑方应选择炮3平2进行应对。这一招能够采取进攻的方式，扭转当前的局面。

　　接下来的棋局发展如下。

　　第12回合中，红方被迫进车吃黑马。黑方进7路卒捉红方二路车，同时亮出8路炮攻击红方八路车，形成黑方捉红方双车的局面。在这种情况下，红方必然要失去一车。第13回合中，车二进一、车8进4，黑方以一炮兑红方一车，继续保持主动。第14回合中，车八进三、车8平3，经过兑子后，黑方凭借双车的优势继续掌控局势。

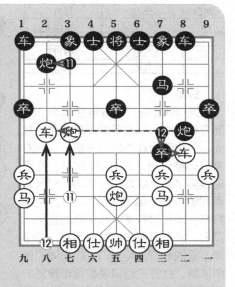

中炮过河车对屏风马左马盘河陷阱与对策

◆ 黑方设置陷阱

回合	红方	黑方
1	炮二平五	马8进7
2	马二进三	车9平8
3	车一平二	马2进3
4	兵七进一	卒7进1
5	车二进六	马7进6

分析

　　在当前的局势下，如果黑方走卒7进1，将形成捉双的局面。具体来说，黑卒捉红兵，而黑马则捉红车。如果红方因为惧怕黑方的冲卒而选择退车至A点进行防御，那么黑方将有机会扭转局势，获得先手优势。

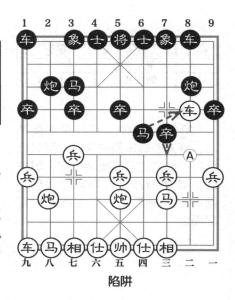

陷阱

回合	红方	黑方
6	车二退二	卒7进1
7	车二平三	炮8平7
8	马八进七	象3进5
9	车九进一	士4进5

分析

第6回合中，红方选择退车，意图守株待兔，以此解除捉双威胁。然而，正是因为红方的这一退让，黑方得以调整阵形。黑方进7路卒，意图通过弃子引诱红方棋子移动至对黑方有利的位置。第7回合中，红方平车打卒，意在避开黑卒和黑马的捉子。然而，黑方迅速平炮形成串打，由于黑方双炮联结，且河口上的马同时保护该炮，红方三路棋子被黑炮牵制。第8回合中，红方立即将八路马跳出，以免被黑方马6进4遏制。面对这一局势，黑方进象至中路，以此防御红方车三进一捉马。第9回合中，红方出动横车，意图平四捉黑马。黑方进4路士，为车1平4腾出位置，同时加固九宫防御。当前局势下，黑方阵形工整，攻守兼备。

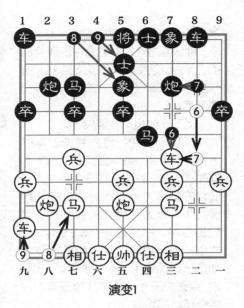

演变1

回合	红方	黑方
10	车九平四	车8进4
11	炮八进三	马6进8

分析

第10回合中，红方平车捉黑马，黑方则进车保护黑马。第11回合中，红方进八路炮捉黑车，黑方则巧妙地闪开作为炮架的黑马，同时形成马捉马、车捉炮的捉双局面。

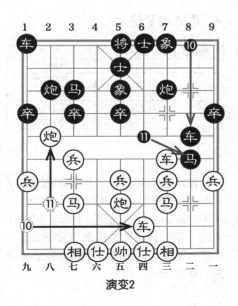

演变2

回合	红方	黑方
12	车三进三	车8平2
13	马三退五	车1平4
14	车四进三	马8退6

分析

第12回合中，红方被迫与黑方对炮。第13回合中，红方立即将马退至九宫中心，使双马得以联结。而黑方则迅速平车至4路，有效地困住了红方的双马。第14回合中，红方进四路车捉黑马，同时成为马七进六的保护子。黑方随即退马至河口，使黑车成为保护子，并成功防止了红方马七进六的反击。

当前的局势下，红方显然受到了多方面的压制。黑方接下来的策略是先车2平4，利用双车威胁红方

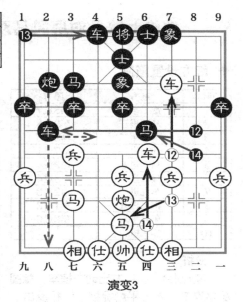

演变3

底仕，接着炮2进7，进一步牵制仕相的活动。一旦完成这些布局，黑方只需依次进车至红方底线便可将红方闷杀。

◆ **对策**

在面临黑方冲7卒捉双威胁时，红方可以选择不予理会，并立即走马八进七，以快速出动左翼棋子。若黑方选择卒7进1，反而会陷入被动局面。接下来棋局可能的发展如下：

马八进七、卒7进1，车二退一、马6进7，车二平三、象7进5，车三退一、车8平7，车三进五、象5退7。

在上述局势下，双方各失一车一兵（卒）。黑方的过河马孤立无援，极易受到攻击。而红方的棋子路线通畅，可以立即开始反击。

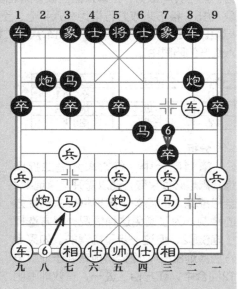

171

中炮七路马对屏风马双炮过河陷阱与对策

◆ 红方设置陷阱

回合	红方	黑方
1	炮二平五	马8进7
2	马二进三	车9平8
3	车一平二	马2进3
4	兵七进一	卒7进1
5	马八进七	炮2进4
6	兵五进一	炮8进4
7	车九进一	炮2平3
8	相七进九	车1平2
9	车九平六	车2进6
10	兵三进一	

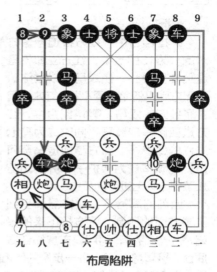

布局陷阱

分析

第7回合中，红方出动左横车，意图发起攻击。黑方平炮捉相，进行反击。第8回合中，红方进相至边路，防止黑方的攻击。黑方平车牵制红炮，继续保持对红炮的压制。第9回合中，红方平车至六路，准备进六捉双马，展开攻势。黑方弃马取势，进车加固封锁。第10回合中，常规攻法为车六进六，黑方象7进5，接下来双方行棋为车六平七、士6进5，形成红方多子，黑方占优的局面。而红方选择弃三兵，意图车六进二捉黑方8路炮，黑炮若退避，就会陷入红方的陷阱中。

回合	红方	黑方
10		卒7进1
11	车六进二	炮8退2
12	相三进一	炮8平7

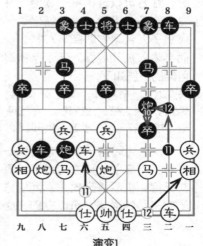

演变1

分析

第11回合中，红方车六进二捉黑炮，黑炮必须采取行动以避开。黑炮平7会形成兑车的局势，黑炮将失去对红方的牵制。为了避免这种情况，黑方选择了炮8退2，但这一步是错误的。如果黑方选择炮8进2，局势将更有利于他。第12回合中，红方相三进一，有效地围困了7路黑卒，黑方被迫平炮以邀兑车。

172

回合	红方	黑方
13	车二进九	马7退8
14	马三退二	卒7平6
15	仕六进五	

分析

第13回合中，双方兑车。第14回合中，红方退马，避开黑炮的攻击。黑方平7路卒，同样是为了避开红相的攻击。第15回合中，红方进六路仕至五路，进一步加强了中路的防御。这一步棋为红方提供了更多的战略选择和空间。接下来，红方可以选择进中兵，利用中炮威胁黑方九宫，也可以选择退八路炮，意图平七，为六路车串打黑方炮和车做准备。

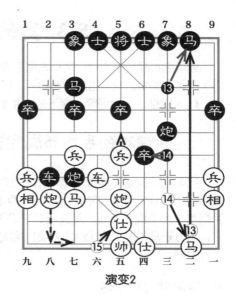

演变2

◆ **对策**

在第11回合中，当黑方面临红车捉炮的局面时，选择走炮8进2是明智之举。这一着不仅成功地阻塞了红方的相眼，更重要的是，它巧妙地困住了红方的二路车，为黑方在后续的棋局中争取了主动和优势。接下来棋局可能的发展如下：

仕六进五、象3进5、炮八退二、卒7进1、车六平三、炮8平7、车三平二、车8进6、车二进三、炮3平7、炮八平七、士4进5。

当前局势下，红方的棋子受到黑方棋子的牵制，处于被动状态。黑方可以从红方的左翼展开攻击，利用这一机会来进一步扩大自己的优势。

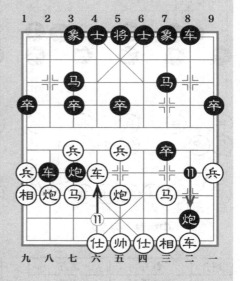

5.3 其他类布局

顺手炮布局和中炮对屏风马布局是象棋中非常常见和重要的布局，被广泛应用于各种棋局中。除了这两种布局外，还有许多其他的布局方式，如中炮对列手炮、仙人指路、飞相局等。接下来，我们将一一探讨这些布局的特点和策略。

◆ 中炮对列手炮布局定式

列手炮，又被称为逆手炮，源于红方走炮二平五、黑方走炮2平5的对局布局。由于双方第一步都走中炮，但两炮方向相反，故得此名。列手炮有大列手炮和小列手炮的区分，其关键在于是否有一方出边马。例如，红方走马二进三，黑方走马2进1，则为大列手炮；若红方走马二进三，黑方走马2进3，则为小列手炮。

◆ 中炮对大列手炮   ◆ 中炮对小列手炮

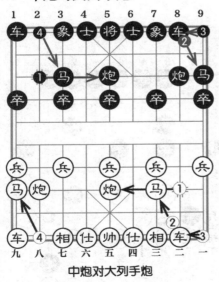 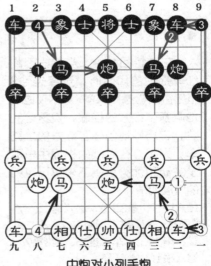

中炮对大列手炮   中炮对小列手炮

回合	红方	黑方
1	炮二平五	炮2平5
2	马二进三	马8进9
3	车一平二	车9平8
4	马八进九	马2进3

回合	红方	黑方
1	炮二平五	炮2平5
2	马二进三	马8进7
3	车一平二	车9平8
4	马八进七	马2进3

中炮对大列手炮陷阱与对策

◆ 红方设置陷阱

回合	红方	黑方
1	炮二平五	炮2平5
2	马二进三	马8进9
3	车一平二	车9平8
4	马八进九	马2进3
5	车九平八	车1平2
6	**兵九进一**	车2进4

分析

第6回合中，红方的常规攻击方式是炮八进四，用双炮威胁中卒。然而，红方却选择了进九路兵，制造出稍后再出车的假象。例如，红方接下来可能走车二进四或马九进八。黑方如果选择走车2进4，抢先进车巡河，意图在后续走卒9进1、马9进8，那么就会陷入红方设置的陷阱中。

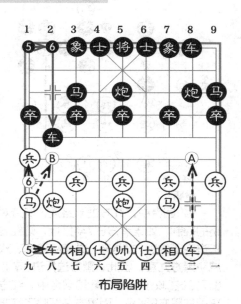

布局陷阱

回合	红方	黑方
7	炮八平七	车2平6
8	车八进八	卒3进1

分析

第7回合中，红方平炮至七路，对黑方的3路构成威胁，并邀请黑方兑车。黑方拒绝兑车，而是平车至6路，以此来压制红方三路马的行动。第8回合中，红方进车堵塞黑方3路象的象眼，意图进七路炮打卒捉象。黑方选择进3路卒，以巡河车保护3卒，使红炮失去攻击作用。

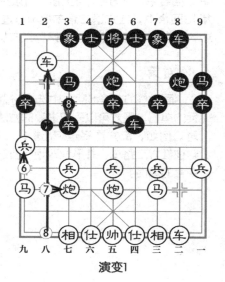

演变1

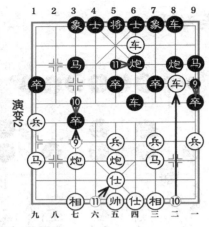

演变2

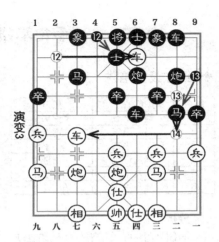

演变3

分析

第9回合中，红方进七路兵，保持对七路的控制。如果黑方进7卒打兵，则红方车二进四围困黑方7路卒，并集结双车、双炮威胁黑方九宫。因此，黑方选择进9卒，意图马9进8攻击红车。第10回合中，红方进车困住黑方9路马，而黑方在解除了红方二路车威胁后，选择进7卒，但同时3路被红方棋子控制。第11回合中，红方补仕加固中路防御，意图走炮五进四从中路发起进攻。黑方平炮为黑象腾出位置。第12回合中，红方平车至四路，形成串打之势。黑方进士以解除红车的串打。第13回合中，红方退二路车捉黑方过河卒，黑方立即将边马跳出。第14回合中，红车平七打黑卒。接下来，红方从七路发起进攻，黑方将难以应对。

回合	红方	黑方
9	兵七进一	卒9进1
10	车二进六	卒3进1
11	仕六进五	炮5平6
12	车八平四	士4进5
13	车二退二	马9进8
14	车二平七	

◆ 对策

面对红方在第6回合中选择进九路兵的棋招，黑方可以采取进攻的方法应对。例如，黑方选择走炮8进4，以炮封住红方二路车，并形成双炮威胁红方中兵的局面。

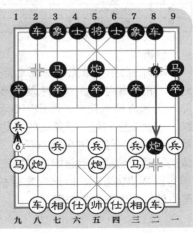

中炮对·小·列手炮陷阱与对策

◆ 黑方设置陷阱

回合	红方	黑方
1	炮二平五	炮2平5
2	马二进三	马8进7
3	车一平二	马2进3
4	车二进六	车1进1
5	车二平三	马7退8

分析

第4回合中，红方急于进攻，这在开局阶段是不明智的。常规的走法应该是马八进七。黑方抢先出横车，争夺先手。第5回合中，红方平车打黑方7卒，捉黑马，黑方退马，致使6路象成为无根子。表面上看，黑方退马似乎是无奈之举，但实际上这一步棋是骗招。

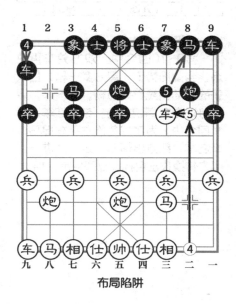

布局陷阱

回合	红方	黑方
6	车三进三	炮5平7
7	炮八进二	象3进5
8	炮八平一	炮7进5

分析

第6回合中，红方进车打象，不慎陷入黑方设置的陷阱中。黑方立即平炮至7路，围困红车。第7回合中，红方被迫进八路车，意图平一捉黑车。黑方进象至5路，形成象捉车、炮捉马的捉双局面。第8回合中，红方平炮捉车，黑方进炮打马。当前局势，黑方少一卒一象，红方少一马。

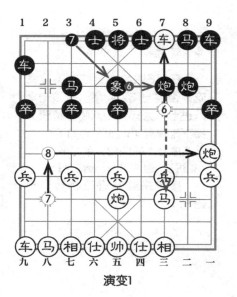

演变1

177

回合	红方	黑方
9	炮一进五	炮7退7
10	炮一平三	象5退7
11	车九进一	炮8平7

分析

第9~10回合中，双方兑车再兑炮。当前局势下，黑方多一马，且棋子的行动路线更为通畅。接下来，黑方可以走车1平2捉马，牵制红车。第11回合中，为了避免黑方平车捉马，牵制车，红方出横车，走车九进一。黑方转换攻击目标，立即平炮捉相。

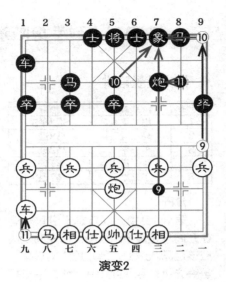

演变2

◆ 对策

在第6回合中，红方不应贪吃，否则会陷入险境，应该走马八进七，为车九平八腾出位置。接下来棋局可能的发展如下：

马八进七、车1平2，车九平八、车2进5，炮八退一、炮5退1。

接下来红方进三路兵，再进马。

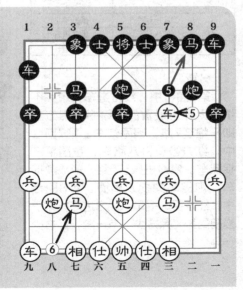

178

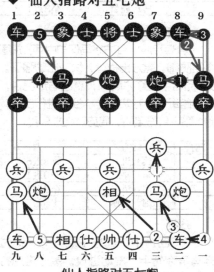

◆ 仙人指路

　　仙人指路，又被称为进兵局，是指先手方第一步走兵三进一或兵七进一，这样不仅能为马开路，还能试探对方的棋路。对于后手方来说，较为常见的应对方式是卒底炮。例如，红方走兵三进一，黑方走炮8平7，这就形成了仙人指路对卒底炮的布局；而之后还可能演变为仙人指路对五七炮。

◆ 仙人指路对卒底炮

仙人指路对卒底炮

回合	红方	黑方
1	兵七进一	炮2平3
2	炮二平五	象3进5
3	马八进九	马8进7
4	马二进三	卒7进1
5	车一平二	车9平8

分析

　　第1回合中，黑方卒底炮以卒为炮架，控制红方七路。第2回合中，红方架中炮，黑方进象加固中路防御。第3回合中，红方进边马，意图出直车，黑方进马保护中卒。第4回合中，红方进马，意图出双直车。黑方挺卒压制红方三路马。第5回合中，双方出直车。

◆ 仙人指路对五七炮

仙人指路对五七炮

回合	红方	黑方
1	兵三进一	炮8平7
2	相三进五	马8进9
3	马二进三	车9平8
4	车一平二	炮2平5
5	马八进九	马2进3

分析

　　第2回合中，红方进中相，加固中路防御，解除黑方7路炮的威胁。黑方进边马，意图出直车。第4回合中，红方出直车，意为保护二路炮。黑方架中炮，形成五七炮布局。第5回合中，红方进边马不仅能快速出直车，还不会破坏后期双炮联结。

仙人指路对卒底炮陷阱与对策

◆ 红方设置陷阱

回合	红方	黑方
1	兵七进一	炮2平3
2	炮二平五	象3进5
3	马二进三	车9进1
4	马八进七	卒3进1

分析

第3回合中，红方跳马保护中兵，加固中路防御。黑方出横车，快速出动强子。第4回合中，红方跳马，意图与炮配合，向中路进攻。若黑方走卒3进1进行反击，则会落入红方陷阱，局势对红方有利。

回合	红方	黑方
5	兵七进一	炮3进5
6	车一平二	车9进1
7	炮八进二	卒9进1
8	炮五进四	士6进5

分析

第5回合中，红方主动弃马，通过弃马争夺先手，发动进攻。黑方进炮打红马。第6回合中，红方平车至二路，串打黑方的炮和马。黑方被迫进9路车保护黑炮。第7回合中，红方进八路巡河炮，意图平一捉黑车。黑方只能进9路卒进行防御。第8回合中，红方进中炮打中卒将军，黑方只能进士应对。注意，黑方这一步若走士4进5则对红方更有利，以下为黑方士4进5后，红方的行棋策略：

先炮八平九，迫使黑方马2进1，解除2路马对中路的防御；

再炮九平三叫杀，因7路象无法移动，只能将5进4应对；

最后炮三进五打象将军，黑方将4进1，红方炮三平九抽吃黑车。

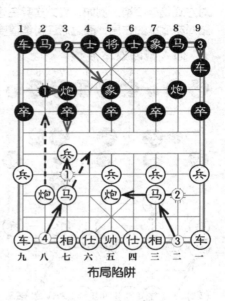

布局陷阱

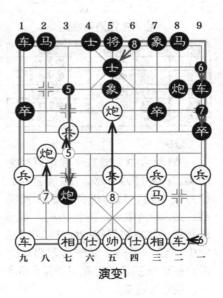

演变1

180

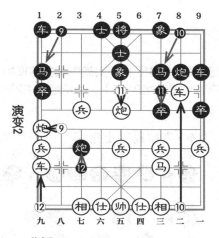

演变2

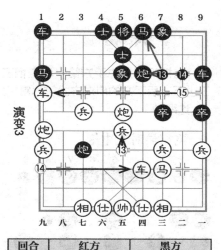

演变3

分析

第9回合中，红方平炮至九路，迫使黑方进边马，解除其对中路的防御。第10回合中，红方进车捉黑方7路卒，并继续牵制车、马、炮。黑方进马捉红方中炮，意图解除中炮的牵制。第11回合中，红方退炮，避开黑马的攻击。黑

回合	红方	黑方
9	炮八平九	马2进1
10	车二进六	马8进7
11	炮五退一	卒7进1
12	车九进二	炮3退1
13	兵五进一	马7退6
14	车九平四	炮8平6
15	车二平九	

方进7路卒，避开红车的攻击。第12回合中，红方进九路车攻击黑方3路炮，黑炮退1，攻击红方三路兵。第13回合中，红方进中兵，拆除黑炮的炮架。黑方退7路马，意图为黑炮腾出活动路线。第14回合中，红方平车至四路，意图双车聚集至四路，形成杀局。黑方只能平炮拦截。第15回合中，红方平二路车至九路，当前黑方只有7路炮和9路卒可以行动，而红方已形成攻势。

◆ 对策

面对红方将对中路发动攻击的局势，黑方应该走车9平2来牵制红方七路马和双炮的行动。由于黑车平2能够攻击红方的八路炮，并且红方的七路马作为炮架与双炮形成关联，因此红方的布局无法实施。

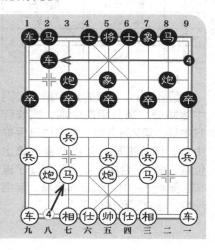

181

飞相局

飞相局是指先手方第一步走相三进五或相七进五，在实战中大多选择相三进五。后手方的应对方式较为常见的有左中炮（炮8平5）、士角炮（炮2平4）这两种。

◆ **飞相局对左中炮**　　　　　◆ **飞相局对士角炮**

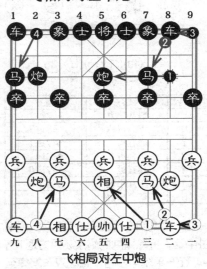

飞相局对左中炮

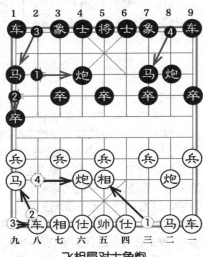

飞相局对士角炮

回合	红方	黑方
1	相三进五	炮8平5
2	马二进三	马8进7
3	车一平二	车9平8
4	马八进七	马2进1

回合	红方	黑方
1	相三进五	炮2平4
2	马八进九	卒1进1
3	车九平八	马2进1
4	炮八平六	马8进7

分析

第1回合中，红方进中相，加固中路防御。黑方平左中炮，瞄准红方中兵。第2回合中，红方进马保护中兵，黑方进马，为出动直车腾出位置。第3回合中，双方都出动了直车。第4回合中，双方都跳马，与炮配合，建立起防御体系。

分析

第1回合中，红方进中相，加固中路防御。黑方平士角炮，牵制红方走马二进三。第2回合中，红方选择进左侧边马，黑方进1路卒压制红方边马的行动。第3回合中，红方出左直车，黑方进右边马。第4回合中，红方平左士角炮，为马二进三做准备。黑方进马护住中卒。

飞相局对士角炮陷阱与对策

◆ 红方设置陷阱

回合	红方	黑方
1	相三进五	炮2平4
2	马八进九	卒1进1
3	车九平八	马2进1
4	炮八平六	马8进7
5	兵三进一	车9进1
6	炮二平三	象7进5

分析

第5回合中，红方进三路兵，压制黑方7路马，黑方出动横车。第6回合中，红方平炮瞄准黑卒，威胁黑象，意图诱骗黑方进象，使其双炮失去关联，以便红方车八进七捉黑方4路炮，扰乱黑方布局。

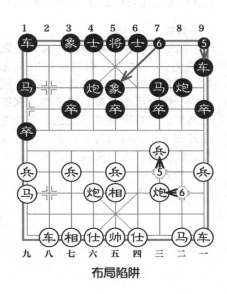

布局陷阱

回合	红方	黑方
7	车八进七	士6进5
8	炮三进四	卒3进1
9	马二进三	车9平8
10	车一平二	车8退1

分析

第7回合中，红方进车捉黑炮，黑方进士保护黑炮。同时阻拦了车9平3的路线。第8回合中，红方进三路炮打卒，并为二路马腾出位置。黑方见红方三路炮瞄准7路卒，为化解攻势选择进3路卒，但这却为红方创造了有利的局势。第9回合中，红方进二路马至三路，为出动二路直车腾出位置，黑方平车保护黑炮。第10回合中，红方平车至二路，牵制黑方左翼车、炮。黑方退车，让7路马成为黑车的保护子，意在解除牵制。

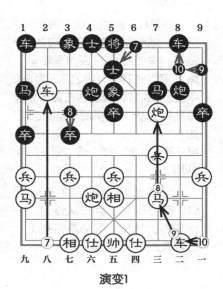

演变1

回合	红方	黑方
11	车二进五	炮8平9
12	兵三进一	车1平2

分析

第11回合中，红方进车保护三路兵过河，同时继续牵制黑方的炮和车。黑方平炮，邀红方兑车。第12回合中，红方拒绝兑车，进三路兵保护二路车。黑方平1路车至2路，继续邀红方兑车。当前局势下，主动权在红方，红方可以选择兑双车，也可以选择兑一个车。

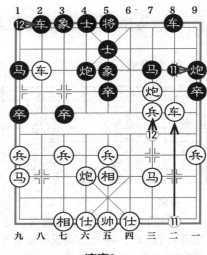

演变2

◆ 对策

在第8回合中，红方进炮打7路卒，威胁3路卒，黑方应放弃3路卒，关注红方右翼的车和马，黑方可以选择走炮8退2，为车9平8压制红方快速出动右翼车和马做准备。接下来棋局可能的发展如下：

炮三平七、车9平8，马二进三、车8进3。

当前黑方的巡河车防守河界，红方的马、兵无法过河，一路车需出横车，局势急转直下，红方失去先手优势。

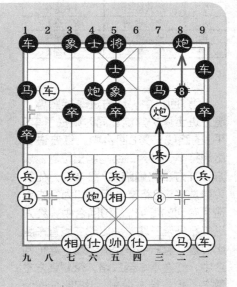